ONGRÈS NATIONAL DU LIVRE

COMITÉ D'ORGANISATION

CIÉTÉ DES GENS DE LETTRES. — CERCLE DE LA LIBRAIRIE

COMITÉ DU LIVRE

Paris, 11-17 Mars 1917

TOME III

I. — LISTE DES ADHÉRENTS

RAPPORT GÉNÉRAL PAR M. JULES PERRIN

MEMBRE DU COMITÉ DE LA SOCIÉTÉ DES GENS DE LETTRES

III — TABLES

PARIS

CERCLE DE LA LIBRAIRIE, DE L'IMPRIMERIE

ET DU COMMERCE DE LA MUSIQUE ET DES ESTAMPES

117, BOULEVARD SAINT-GERMAIN, 117

1918

CONGRÈS NATIONAL DU LIVRE

Paris, 11-17 Mars 1917

———

TOME III

LISTE DES ADHÉRENTS. — RAPPORT GÉNÉRAL

TABLES

PARIS

IMPRIMERIE DE J. DUMOULIN

5, RUE DES GRANDS-AUGUSTINS, 5

CONGRÈS NATIONAL DU LIVRE

COMITÉ D'ORGANISATION

SOCIÉTÉ DES GENS DE LETTRES. — CERCLE DE LA LIBRAIRIE

COMITÉ DU LIVRE

Paris, 11-17 Mars 1917

TOME III

I. — LISTE DES ADHÉRENTS

II. — RAPPORT GÉNÉRAL PAR M. JULES PERRIN

MEMBRE DU COMITÉ DE LA SOCIÉTÉ DES GENS DE LETTRES

III. — TABLES

PARIS

CERCLE DE LA LIBRAIRIE, DE L'IMPRIMERIE

DE LA PAPETERIE, DU COMMERCE DE LA MUSIQUE ET DES ESTAMPES

117, BOULEVARD SAINT-GERMAIN, 117

1918

I

LISTE DES ADHÉRENTS

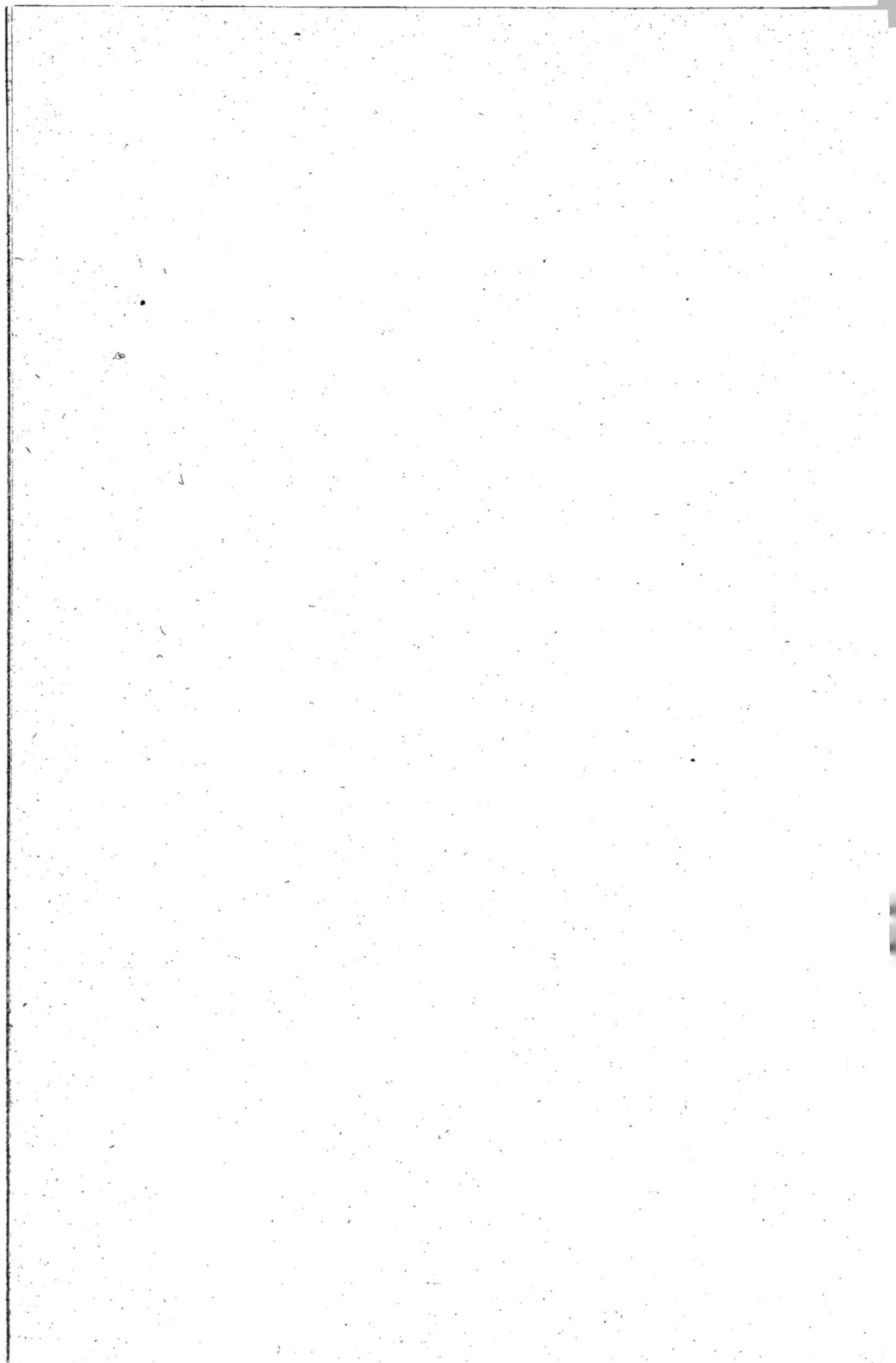

CONGRÈS NATIONAL DU LIVRE

LISTE DES ADHÉRENTS

MM.

ABRAHAM, professeur à la Sorbonne, rue Denfert-Rochereau, 47.

ADERER, homme de lettres, villa Saïd, 9.

ALAMIGEON, fabricant de papier, rue Cortambert, 28.

ALCAN, éditeur, boulevard Saint-Germain, 108.

ARRAULT, imprimeur, à Tours (Indre-et-Loire).

ASSELIN, éditeur, place de l'École-de-Médecine.

ASSOCIATION DES BIBLIOTHÉCAIRES FRANÇAIS, place du Panthéon, 6.

ASSOCIATION VALENTIN HAÜY, rue Duroc, 9.

AURIOL, dessinateur, homme de lettres, rue des Abbesses, 44.

BAILLIÈRE (Albert), éditeur, boulevard Saint-Germain, 106.

BAILLIÈRE (Georges), éditeur, rue Saint-Guillaume, 33.

BALDENSPERGER, Service de la propagande (Ministère des Affaires étrangères), rue François Ier, 3.

BALLOT, agent directeur de la Société des Auteurs et Compositeurs dramatiques, rue Henner, 12.

BARRAULT, négociant en papiers, rue des Archives, 67.

BARRÈRE, ambassadeur de France, à Rome.

BASCHET (Maurice), fabricant de papier, impasse Reille, 3.

BASCHET (René), directeur de l'Illustration, rue Saint-Georges, 13.

BAUCHE, ancien éditeur, rue des Batignolles, 19.

BAUDRIER, éditeur, boulevard Haussmann, 21.

MM.

BAUDRILLART (Mgr), recteur de l'Institut catholique de Paris, rue de Vaugirard, 74.

BAYLE (Charles), éditeur, rue des Beaux-Arts, 5.

BECKER, directeur, à Paris, de la Maison Mame, rue Daguerre, 4.

BELIN (Jean-Paul), éditeur, rue de Vaugirard, 26.

BELIN (Paul), éditeur, rue Férou, 8.

BELLAMY, imprimeur, rue Réaumur, 115.

BELLENAND, imprimeur typographe, route de Bièvre, à Fontenay-aux-Roses (Seine).

BELLET (Charles), protonotaire apostolique, président de la Société archéologique de la Drôme, à Tain (Drôme).

BELLET (Daniel), professeur à l'École des hautes études commerciales, à Maisons-Laffitte (Seine-et-Oise).

BELLIN, directeur du cabinet du Ministre de l'Instruction publique.

BÉRALDI, bibliophile, avenue de Messine, 10.

BÉRANGER, éditeur, rue des Saints-Pères, 15.

BÉRARD, directeur d'études à l'École des Hautes Études Commerciales rue Denfert-Rochereau, 75.

BERGERET, imprimeur, à Nancy (Meurthe-et-Moselle).

BERNARD, professeur à la Sorbonne, rue Decamps, 10.

BÉROT-BERGER (Mme), publiciste, place de Rivoli, 2.

BERR, directeur de revue, rue Villebois-Mareuil, 2.

BERTAUT, vice-président de l'Association des Critiques littéraires, rue des Beaux-Arts, 5.

BERTEAUX, directeur du *Courrier du Livre*, rue Jean-Goujon, 17.

BERTHELOT, chef du cabinet du Ministre des Affaires étrangères, 126, boulevard du Montparnasse.

BERTRAND, directeur de la maison Heugel, rue Vivienne, 2 *bis*.

BESOMBES, libraire, rue Le Peletier, 40.

BETHLÉEM, publiciste, rue de Sèvres, 95.

BILLOUX, administrateur du *Bulletin des Maîtres Imprimeurs*, rue Suger, 7.

BILLY (de), ministre de France, à Athènes.

BLANCHARD (docteur), membre de l'Académie de Médecine, boulevard Saint-Germain, 226.

BLARINGHEM, professeur au Conservatoire des Arts et Métiers, rue de Tournon, 14.

BLOCH, agent directeur de la Société des Auteurs et Compositeurs dramatiques, rue Henner, 12.

BLONDEL LA ROUGERY, éditeur géographe, rue Saint-Lazare, 7.

MM.

BLUNCK, libraire, à Bourg-la-Reine (Seine).

BOËS, homme de lettres, 69, Grande Rue, à Bourg-la-Reine (Seine).

BOIVIN, éditeur, rue Palatine, 5.

BOLLET, directeur au Ministère du Commerce, avenue Lakanal, 17.

BONHOMME (Paul), avenue Teissonnière, 14, à Asnières.

BORD, docteur-médecin, rue de Rome, 69.

BOSSARD, éditeur, rue Madame, 43.

BOUDREAUX, galvanoplaste-typographe, rue Hautefeuille, 8

BOUHÉLIER (DE), littérateur, rue de la Condamine, 45

BOURGE (PAUL), président de la Société fraternelle des Protes des imprimeries typographiques de Paris et du département de la Seine, rue de Vaugirard, 152 (impasse Ronsin).

BOURRELIER, éditeur, boulevard Saint-Michel, 103.

BOUTET, homme de lettres, rue Las-Cases, 3.

BOYER, directeur de l'École des Langues orientales, rue de Lille, 2.

BRANET, directeur général des Douanes, rue Cardinet, 44.

BRAULT, membre de l'Académie de Médecine, rue de l'Arcade, 18.

BRÉAL, chef du Service de la Propagande (Ministère des Affaires étrangères), rue François Ier, 3.

BRETON, fabricant de papier, rue Saint-Martin, 245.

BRETON (GUILLAUME), éditeur, boulevard Saint-Germain, 79.

BRIÈRE (HENRY), imprimeur-éditeur, boulevard Saint-Michel, 66.

BRILLOUIN, professeur au Collège de France, boulevard de Port-Royal, 31.

BRUNHES, professeur au Collège de France, quai du Quatre-Septembre, 13, à Boulogne-sur-Seine (Seine).

BUGNIOT, imprimeur d'art, rue Favart, 2

BUTTNER-THIERRY, imprimeur, avenue de la Gare, 40, à Saint-Ouen (Seine).

CADOT, secrétaire général de l'Art de France, rue de Turin, 38.

CAHEN, rue Condorcet, 53.

CALMANN-LÉVY (GASTON), éditeur, rue Auber, 3.

CANAPE, relieur-doreur, rue Visconti, 18.

CARTERET, éditeur d'art, rue Drouot, 5.

CARTIER, ancien bâtonnier, rue Lammenais, 7.

CASANOVA, professeur au Collège de France, rue du Four, 40.

CASTRIES (DE), lieutenant-colonel, rue du Bac, 101.

CATALA, imprimeur phototypeur, rue de Bellefond, 31.

CEZAN, de la Fédération du Livre, rue de Savoie, 20.

MM.

CHAIX (ALBAN), éditeur, rue Bergère, 20.

CHALLAMEL, éditeur, rue Jacob, 17.

CHAMBRE DE COMMERCE DE PARIS, place de la Bourse, 2.

CHAMPMAS, secrétaire-agent du Bureau bibliographique, rue de Rennes, 44.

CHAMPVILLE (FABIUS DE), président de la Chambre syndicale des libraires marchands de journaux, rue Taitbout, 78.

CHANTAVOINE, président de l'Association des Critiques littéraires, rue du Val-de-Grâce, 9.

CHANTENAY, imprimeur, rue de l'abbé Grégoire, 15.

CHAPELOT, éditeur, rue Dauphine, 30.

CHAPON (lieutenant), du Service de la Propagande (Ministère des Affaires etrangères), rue François Ier, 3.

CHARLES-LAVAUZELLE, éditeur, à Paris, boulevard Saint-Germain, 124, et à Limoges (Haute-Vienne).

CHAUMET, boulevard du Montparnasse, 76.

CHAVAGNES (DE), secrétaire général de la Fédération des « Amitiés Franco-Etrangères », rue Washington, 34.

CHAVANNES, membre de l'Institut, rue des Écoles, 1, à Fontenay-aux-Roses (Seine).

CHENOT, président de la Société d'archéologie, à Beaune (Côte-d'Or).

CHENU (Mme), Action sociale de la Femme, rue de Madrid, 24.

CHESNEAU, directeur de l'École des Mines, boulevard Saint-Michel, 60.

CHEVALIER (H.), administrateur-délégué des Papeteries de Jeandheurs, rue Saint-Honoré, 108.

CHEVALIER (PAUL-ÉMILE), éditeur de musique, rue Vivienne, 2 bis.

CHEVASSU, homme de lettres, rue de Liége, 18.

CHIRON, éditeur, rue de Seine, 40.

CIM (ALBERT), homme de lettres, rue de Vaugirard, 98.

CLAUDEL (PAUL), ministre de France, à Rio de Janeiro.

CLÉMENT, graveur sur bois, boulevard du Montparnasse, 106.

CLÉMENT-JANIN, critique d'art, rue Lafontaine, 70.

CLÈRE (JULES), homme de lettres, rue de Douai, 52.

CLOUARD (HENRI), homme de lettres, 4, place Jussieu.

CLOUZOT, homme de lettres, rue Titon, 12.

COGNETS (DES), sous-directeur de la Société du Petit Écho de la Mode, rue Lemaignan, 7.

COISSAC, homme de lettres, rue Charles-Marinier, 5, à Vincennes (Seine).

COLLONGE, administrateur des écoles Berlitz, boulevard des Italiens, 31.

MM.

CONARD, éditeur, boulevard de la Madeleine, 17.

CONSEIL MUNICIPAL DE PARIS, à l'Hôtel de Ville.

COOLUS, auteur dramatique, place du Trocadéro, 4.

COQUEMARD, éditeur, rue de Tournon, 29.

CORDIER, membre de l'Institut, rue de Siam, .

CORNUDET (vicomte), député de Seine-et-Oise, avenue Henri-Martin, 115.

CORTOT, chef de cabinet, sous-secrétariat d'État des Beaux-Arts.

COUDERC, conservateur-adjoint à la Bibliothèque Nationale, rue de Harlay, 20.

COUSIN, imprimeur-éditeur, boulevard Saint-Michel, 66.

COVILLE, directeur de l'Enseignement secondaire.

CROISET (ALFRED), doyen de la Faculté des lettres de Paris, rue Cassette, 13.

CROISET (MAURICE), administrateur du Collège de France, place Marcelin-Berthelot, 5.

CROLARD, député de la Haute-Savoie, boulevard Saint-Michel, 88.

CROMBAC, directeur commercial des papeteries Bergès, rue Commines, 10.

DALLIX, secrétaire de la rédaction du *Cri de Paris*, rue d'Alger, 7.

DAMPIERRE (de), secrétaire général du Comité du Livre, rue du Bac, 101.

DANNE, directeur du Laboratoire d'essais, à Gif (Seine-et-Oise).

DARBLAY, fabricant de papier, rue du Louvre, 3.

DARRAS, président du Syndicat des marchands et fabricants papetiers de France (région de Paris), rue des Petits-Champs, 59.

DAUDET (LÉON), homme de lettres, rue Saint-Guillaume, 31.

DAUSSET, conseiller municipal de Paris, rue Notre-Dame-de-Lorette, 22.

DAVID, relieur d'art, rue Le Peletier, 49.

DEBOVE (docteur), secétaire perpétuel de l'Académie de Médecine, rue La Boétie, 53.

DECOURCELLE (PIERRE), rue du Cirque, 2.

DELAGRAVE, éditeur, rue Soufflot, 15.

DELAPLANE, éditeur, rue Monsieur-le-Prince, 48.

DELAVAUD, ministre plénipotentiaire, président de la Société de l'Histoire de France, rue La Boétie, 85.

DELBOST, professeur, place de la République, 16.

DÉLÉGUÉ du Service de la Propagande (Ministère des Affaires étrangères) rue François Ier, 3.

DELMAS, imprimeur, à Bordeaux (Gironde).

MM.

DELORME, membre de l'Académie de Médecine, rue Claude-Bernard, 67.

DENIKER, bibliothécaire du Muséum d'Histoire Naturelle, rue Geoffroy-Saint-Hilaire, 36.

DEPELLEY, éditeur, rue de la Mouvendière, 7, à Limoges (Haute-Vienne).

DESLANDRES, conseiller municipal, rue Vulpian, 1.

DESLIS, imprimeur, à Tours (Indre-et-Loire).

DÉTÉ, artiste graveur sur bois, rue Séguier, 2.

DOIN (O.), éditeur, place de l'Odéon, 8.

DONNAY (MAURICE), auteur dramatique, rue de Florence, 7.

DRAEGER (GEORGES), imprimeur, rue de Bagneux, 46, à Montrouge (Seine).

DRAEGER (MAURICE), imprimeur, rue de Bagneux, 46, à Montrouge (Seine).

DREYFUS (ABRAHAM), homme de lettres, avenue de Villiers, 74.

DREYFUS (GEORGES), éditeur, faubourg Poissonnière, 65.

DUBREUIL, imprimeur typographe, rue Clauzel, 18.

DUCHER, éditeur, rue des Poitevins, 3.

DUFOUR, directeur-adjoint du Laboratoire de biologie végétale de Fontainebleau, à Avon (Seine-et-Marne).

DUJARDIN, négociant en papiers, rue de Rennes, 76.

DUMAIN, attaché aux Beaux-Arts, rue des Saints-Pères, 84.

DUMAS, éditeur des Annales des Ponts et Chaussées, rue de la Chaussée-d'Antin, 6.

DUPREY (PAUL), secrétaire général de l'Association des critiques littéraires, rue Bailu, 36.

DURAND (JACQUES), éditeur de musique, place de la Madeleine, 4.

DURAND-AUZIAS, éditeur, rue Soufflot, 20.

DUREY, fondeur de caractères, rue Boissonade, 21.

DURRIEU (comte), membre de l'Académie des Inscriptions et Belles-Lettres, avenue Malakoff, 74.

DUVAL, brocheur, rue d'Odessa, 11.

ENGEL (HENRI), relieur industriel, rue du Cherche-Midi, 91.

ERNEST-CHARLES, homme de lettres, rue Singer, 34.

ESTIENNE (L.), président du Comité de relations avec les pays neutres, Palais de la Bourse, à Marseille (Bouches-du-Rhône).

ÉTIENNE-CHARLES, rédacteur au Temps, rue des Italiens, 5.

ÉVETTE, fabricant de papier et carton, rue Saint-Martin, 243.

EYROLLES, directeur de l'École spéciale des Travaux publics, rue du Sommerard, 12.

FAILLIOT, fabricant de papier, rue de la Chapelle, 145.

MM.

FANCHON, éditeur, rue de Grenelle, 25.

FASQUELLE (Eug.), éditeur, rue de Grenelle, 11.

FAURE (Fernand), professeur à la Faculté de Droit, boulevard Beau-
séjour, 61 bis.

FAYARD (Arthème), éditeur, rue du Saint-Gothard, 18-20.

FÉDÉRATION FRANÇAISE DES TRAVAILLEURS DU LIVRE, rue de
Savoie, 20.

FERRAN (veuve), éditeur, rue Longue-des-Capucins, 42, à Marseille (Bouches-du-Rhône).

FERRIER (Jean), directeur, à Paris, de la Maison Berger-Levrault, rue
des Beaux-Arts, 5.

FIGHIÉRA, sous-directeur au Ministère du Commerce, rue Valentin-
Haüy, 10.

FIRMIN-DIDOT (Maurice), éditeur, rue Jacob, 56.

FISCHBACHER, éditeur, rue de Seine, 33.

FISCHER (Max Alex), homme de lettres, rue Drouot, 34.

FINELLE, publiciste, rue des Écoles, 54.

FLOURY, libraire, boulevard des Capucines, 1.

FOLEY (Charles), littérateur, rue Ballu, 3.

FOREST (Louis), de la Société des Gens de Lettres, rue d'Alsace, 28, à
Saint-Germain–en-Laye (Seine-et-Oise).

FORTIN, ancien président de la Chambre des Marchands-Papetiers de
Paris, rue de l'Université, 107.

FOURET (Edmond), éditeur, boulevard Saint-Germain, 79.

FOURET (René), éditeur, boulevard Saint-Germain, 79.

FOURMOND (Em. A.), directeur du journal Vouloir, impasse Ronsin, 13.

GABALDA, éditeur, rue Bonaparte, 90.

GAILLARD (Émile), éditeur, rue Amyot, 3.

GAILLARD (Ernest), fabricant de papier, avenue Niel, 9.

GALLIMARD, éditeur, rue Madame, 35 et 37.

GALOPIN (Arnould), homme de lettres, rue des Vignes, 39.

GAMBER, libraire, rue Danton, 7.

GANDERAX (Louis), homme de lettres, rue Boissière, 4.

GAUGUET (Mme Rachel), directrice du journal le Moniteur du Dessin,
rue de Buci, 29.

GAUDET, éditeur de musique, boulevard Bonne–Nouvelle, 4.

GAULOT (Paul), rue de Lille, 11.

GAUTHIER (Edouard), éditeur, rue de Seine, 40.

GAUTHIER-VILLARS, éditeur, quai des Grands-Augustins, 55.

MM.

GERMAIN (Gaston), fabricant de papier, rue Saint-Martin, 243.

GIGORD (J. de), éditeur, rue Cassette, 15.

GILLON (André), éditeur, rue du Montparnasse. 13.

GILLON (Paul), éditeur, rue du Montparnasse, 13.

GIRARD (Paul), membre de l'Institut, rue du Cherche-Midi, 55.

GIRARDCLOS (Alfred), dessinateur, rue Lepic, 49.

GLATRON, fabricant de papier, impasse Reille, 3.

GOYAU, agrégé de l'Université, rue de la Pompe, 36.

GRAMONT (Cte A. de), de l'Académie des Sciences, rue de l'Université, 179.

GRANDMAISON (Geoffroy de), président de la Société bibliographique de France, rue Saint-Simon, 5

GRASSET (docteur), professeur honoraire à la Faculté de Médecine, rue Jean-Jacques-Rousseau, 6, à Montpellier (Hérault).

GRAUX (docteur Lucien), publiciste, avenue Kléber, 33.

GRUND (Ernest), libraire, rue Mazarine, 9.

GUARY-LORILLEUX, fabricant d'encres, rue Suger, 16.

GUÉRIN (Émile), éditeur, rue des Poitevins, 2.

GUERLIN (Henri), de la Société des Gens de Lettres, rue de Grenelle, 67.

GUSMAN (Pierre), historien d'art et graveur sur bois, boulevard Edgar-Quinet, 22.

GUYOT (Yves), journaliste, rue de Seine, 95.

HACHETTE (Louis), éditeur, boulevard Saint-Germain, 79.

HARAUCOURT (Edmond), quai aux Fleurs, 5.

HATIER, éditeur, rue d'Assas, 8.

HAUG, professeur de géologie à la Faculté des Sciences, rue de Condé, 14.

HAUVETTE, professeur à la Sorbonne, boulevard Raspail, 274.

HAVET, membre de l'Institut, quai d'Orléans, 18.

HELLEU, éditeur, boulevard Saint-Germain, 125.

HENNEGUY, membre de l'Institut, rue Thénard, 9.

HENNUYER (Alex.), imprimeur-éditeur, rue Laffitte, 47.

HENRY, imprimeur-éditeur, boulevard Saint-Germain, 278.

HERBETTE, directeur des Affaires administratives au Ministère des Affaires Étrangères, faubourg Saint-Honoré, 130.

HEROUARD, professeur à la Sorbonne, rue de l'Éperon, 9.

HERRIOT, Ministre des Travaux publics.

HERSCHER, archevêque de Laodicée, quai de Béthune, 20.

HETZEL, éditeur, rue Jacob, 18.

HOMOLLE, membre de l'Institut, rue des Petits-Champs, 8.

MM.

HOUSSIAUX, éditeur, rue Perronet, 7

HOUZEAU, éditeur, place de l'École-de-Médecine.

HUGUET, professeur à la Sorbonne, boulevard Saint-Michel, 127.

HUMBLOT, directeur de la librairie Ollendorff, rue de la Chaussée-d'Antin, 50.

JACOB, de la Fédération du Livre, rue de la Condamine, 84.

JAMAS, président de la Société des Artistes Graveurs au burin, rue Bezout, 14.

JEAN-BERNARD, directeur de la Presse associée, place de la Bourse, 11.

JOBBÉ-DUVAL, professeur à la Faculté de Droit, avenue de Breteuil, 39.

JOLLIVET (GASTON), homme de lettres, rue de Madrid, 11.

JONES (JOHN F.), publiciste, rue de la Victoire, 10.

JORDAN, chargé de cours à la Sorbonne, rue de Varenne, 48.

JORDELL, éditeur, rue de Rivoli, 248.

JOUVE et Cⁱᵉ, imprimeurs-éditeurs, rue Racine, 15.

JUSTINUS (frère), de l'Institut des Frères des écoles chrétiennes, rue de Sèvres, 78.

JUVEN (FÉLIX), éditeur, rue de Choiseul, 1.

KAUFMANN, publiciste, rue Réaumur, 129.

KEUFER, de la Fédération du Livre, rue Saint-Antoine, 62.

KRANTZ, fabricant de carton, boulevard Magenta, 47.

LABBÉ, secrétaire général de la Société de géographie commerciale, rue Washington, 30.

LA CAZE (baronne), rue de l'Université, 167.

LACROIX, secrétaire perpétuel de l'Académie des Sciences, rue Humboldt, 23.

LA FARE (A.), éditeur, rue de la Chaussée-d'Antin, 55.

LAFLÈCHE (GEORGES), fabricant d'encres d'imprimerie, rue de Tournon, 12.

LAFUMA (ÉMILE), fabricant de papier, quai de la Tournelle, 27.

LAHURE (ALEXIS), imprimeur, rue de Fleurus, 9.

LALO (PIERRE), rue de Tocqueville, 22,

LALOU, conseiller municipal de Paris, boulevard Saint-Michel, 6.

LAMBERT, constructeur de machines à imprimer, avenue de Paris, 249, Plaine Saint-Denis (Seine).

LAMPUÉ, conseiller municipal de Paris, boulevard de Port-Royal, 72.

LAMY (E.), secrétaire perpétuel de l'Académie Française, place d'Iéna, 3.

LANGE, imprimeur, rue de Vaugirard, 152.

LANGEVIN, quai de Valmy, 67.

MM.

LANGLADE, secrétaire-trésorier de l'Association des Critiques littéraires, rue Caulaincourt, 218.

LANGUEREAU, éditeur, quai des Grands-Augustins, 55.

LANNES, représentant des établissements Marinoni, rue Bréa, 7.

LANNOY (J. de), rue Vézelay, 15.

LAPIE, directeur de l'Enseignement primaire, Ministère de l'Instruction publique, rue de Grenelle, 101.

LARMANDIE (lieutenant de), rue Sarrette, 24.

LARNAUDE, doyen de la Faculté de Droit, boulevard Maillot, 92, à Neuilly (Seine).

LAUDE, bibliothécaire en chef de la ville et de l'Université de Clermont-Ferrand, boulevard La Fayette, à Clermont-Ferrand (Puy-de-Dôme).

LAUDET (F.), directeur de la Revue Hebdomadaire, rue Garancière, 8.

LAUR, auteur-imprimeur, rue du Colonel-Renard, 2.

LAURENS, éditeur, rue de Tournon, 6.

LAVISSE (Ernest), membre de l'Institut, directeur de l'École Normale Supérieure, rue de Médicis, 3.

LECÈNE, éditeur, rue Saint-Sulpice, 29.

LE CHATELIER (A.), professeur au Collège de France, avenue Victor-Hugo, 61.

LE CHATELIER (H.), membre de l'Institut, rue Notre-Dame-des-Champs, 75.

LECLERC (Max), éditeur, boulevard Saint-Michel, 103.

LECOMTE (Georges), boulevard Auguste-Blanqui, 18.

LEDUC, éditeur de musique, rue de Grammont, 3.

LEFEVRE (Th.), président de la Société amicale des Protes et Correcteurs d'imprimerie de France, Le Mesnil-sur-l'Estrée (Eure).

LEFRANC, fabricant de couleurs et d'encres d'imprimerie, rue de Valois, 18.

LEGARE, rentier, rue Jouffroy, 54.

LE GOFFIC (Ch.), rue Beaunier, 24.

LEGRAND, directeur de la Maison de la Presse, rue François Ier, 3.

LELONG, chargé de cours à l'école des Chartes, rue Monge, 59.

LEMALE, relieur, rue Coëtlogon, 7.

LEMERRE, éditeur, passage Choiseul, 23-33.

LEMOINE (Henry), éditeur de musique, rue Pigalle, 17.

LEMONON, chef-adjoint du cabinet du président de la Chambre des Députés, avenue Victor-Hugo, 5.

LE MOUËL (Eugène), avenue Bosquet, 42.

MM.

LEPRINCE, fabricant de carton, rue Lourmel, 83.

LEQUATRE, directeur du journal *l'Imprimerie*, rue Terre-Neuve, 24, à Meudon (Seine).

LEREBOULLET, professeur agrégé à la Faculté de Médecine, boulevard Saint-Germain, 193.

LE SENNE (Camille), rue Hippolyte-Lebas, 5.

LE SOUDIER, libraire-éditeur, boulevard Saint-Germain, 174.

LETHIELLEUX, éditeur, rue Cassette, 10.

LEVEL, homme de lettres, boulevard Malesherbes, 160.

LÉVY (J.), homme de lettres, rue de Noisy, 16, à Villiers-sur-Marne (Seine-et-Oise).

LHOSTE, directeur du Crédit Français, rue de Châteaudun, 52.

LIARD, membre de l'Institut, vice-recteur de l'Université de Paris, à la Sorbonne.

LINDET (L.), président de la Société d'Encouragement pour l'Industrie nationale, rue de Rennes, 44.

LOBEL (Jean), directeur du Cercle de la Librairie, boulevard Saint-Germain, 117.

LONGUET (Denys), imprimeur phototypeur, faubourg Saint-Martin, 250.

LORILLEUX, fabricant d'encres d'imprimerie, rue Suger, 16.

LYAUTEY (général), résident général de France au Maroc.

LYON-CAEN, membre de l'Institut, rue Soufflot, 13.

MAGNIER, relieur, rue de l'Estrapade, 7.

MAINGUET (Henri), imprimeur-éditeur, rue Garancière, 8.

MAINGUET (Pierre), imprimeur-éditeur, rue Garancière, 8.

MAJESTÉ (A.), représentant d'imprimeries, square Alboni, 7.

MALHERBE (de), imprimeur, passage des Favorites, 12.

MALLETERRE (général), Hôtel des Invalides.

MALOINE, éditeur, rue de l'École-de-Médecine, 27.

MALUSKI, proviseur des lycées de garçons, au Grand Lycée, à Marseille (Bouches-du-Rhône).

MAME, éditeur, à Tours (Indre-et-Loire).

MARAIS (Paul), conservateur de la Bibliothèque Mazarine, quai Conti, 23.

MARÉCHAL, imprimeur, quai Jemmapes, 158.

MARGERIE (Emmanuel de), vice-président du Comité des travaux historiques et scientifiques, ex-président de la Société Géologique de France, rue du Bac, 110.

MARGUERITTE (Victor), homme de lettres, rue de Passy, 80.

MM.

MARIN (Louis), député de Nancy, boulevard Saint-Michel, 95.

MAROTTE, phototypeur lithographe, rue de Jussieu, 35.

MARTIN (Gaston), président de la Chambre syndicale du Commerce des Papiers de France, rue de la Verrerie, 69.

MARTIN (William), chef du Service du Protocole, au Ministère des Affaires Étrangères, 99, quai d'Orsay.

MASSIN (Ch.), éditeur, rue des Écoles, 51.

MASSON (Pierre), éditeur, boulevard Saint-Germain, 120.

MATOT-BRAINE, imprimeur-libraire, rue Notre-Dame, 7, à Épernay (Marne).

MATRUCHOT, professeur à la Sorbonne, rue d'Ulm, 45.

MEILLET, professeur au Collège de France, rue d'Alésia, 65.

MEMIN, directeur de la maison de photographie Tortellier et Cⁱᵉ, rue de la Citadelle, 25, à Arcueil-Cachan (Seine).

MENUT (Henri), fondeur en caractères, rue Gabanis, 14.

MÉRICANT, éditeur, avenue de Châtillon, 29.

MÉRY (Maurice), publiciste, rue de la Victoire, 10.

MESSAGER, compositeur de musique, rue Jouffroy, 103.

MEUSY, homme de lettres, avenue de la Liberté, 10, à Courbevoie (Seine).

MEYER (Ernest), conseiller d'État, rue Jean-Baptiste-Dumas, 7.

MEYNIAL, libraire, boulevard Haussmann, 30.

MILLE (Pierre), quai de Bourbon, 15.

MILLIET (Paul), auteur dramatique, rue Saint-Didier, 2.

M. LE MINISTRE DE L'AGRICULTURE.

M. LE MINISTRE DES AFFAIRES ÉTRANGÈRES.

M. LE MINISTRE DES COLONIES.

M. LE MINISTRE DU COMMERCE, DE L'INDUSTRIE, DES POSTES ET TÉLÉGRAPHES.

M. LE MINISTRE DES FINANCES.

M. LE MINISTRE DE L'INSTRUCTION PUBLIQUE.

M. LE MINISTRE DE LA JUSTICE.

M. LE MINISTRE DU TRAVAIL.

M. LE MINISTRE DES TRAVAUX PUBLICS.

M. LE SOUS-SECRÉTAIRE D'ÉTAT AUX BEAUX-ARTS.

MIRONNEAU (A.), inspecteur de l'enseignement primaire, avenue de Breteuil, 82.

MONCHY (L. de), docteur en médecine, boulevard Beaumarchais, 113.

MONPROFIT, homme de lettres, rue de Verneuil, 7.

MM.

MORCHE (ROBERT), homme de lettres, avenue de Courbevoie, 103, à Asnières (Seine).

MOREAU (GEORGES), éditeur, boulevard du Montparnasse, 126.

MOREL (EUGÈNE), bibliothécaire à la Bibliothèque Nationale.

MORIEU (EUGÈNE), imprimeur typographe, rue Delambre, 29.

MORPHY (MICHEL), homme de lettres, avenue de Paris, 123 bis, à Rueil (Seine-et-Oise).

MORTET (CH.), conservateur à la Bibliothèque Sainte-Geneviève, rue Delabordère, 6.

MOTTI (H.-L.), imprimeur, impasse Ronsin, 13.

MOTTI (RENÉ), imprimeur, rue de Vaugirard, 152.

MOUREU, professeur, rue Soufflot, 17.

MULLER (ARNOLD), imprimeur, rue Dareau, 79.

NATHAN (FERNAND), éditeur, rue des Fossés-Saint-Jacques, 16.

NAVARRE (EUG.), fabricant de papiers, impasse Reille, 3.

NOBLESSE, de la librairie Berger-Levrault, rue des Beaux-Arts, 5.

NUSSAC (LOUIS DE), publiciste, rue Linné, 13.

ODENT (HENRI), négociant en papiers, rue Gay-Lussac, 16.

OHNET (G.), homme de lettres, avenue Trudaine, 14.

ONDET (G.), éditeur, faubourg Saint-Denis, 83.

PACHTÈRE (DE), président de la Société de secours mutuels des Employés en librairie, rue d'Ulm, 25.

PANGE (Comtesse J. DE), membre du Comité du Livre, square de Messine, 9.

PAULET (G.), professeur à l'École des Sciences politiques, boulevard Suchet, 47.

PAUL-FÉVAL fils, boulevard de Clichy, 130 ter.

PEDONE, éditeur, rue Soufflot, 13.

PERRIN (JULES), 7, rue Pierre-Nicole prolongée.

PERRIN (PAUL), éditeur, quai des Grands-Augustins, 35.

PERROUX, imprimeur, rue de la République, 28, à Mâcon (Saône-et-Loire).

PETIT-DUTAILLIS, directeur de l'Officice national des Universités, boulevard Raspail, 96.

PEYREBRUNE (Madame G. DE), femme de lettres, avenue d'Argenteuil, 200, à Asnières (Seine).

PICARD (AUGUSTE), éditeur, rue Bonaparte, 82.

PICARD (EMILE), de l'Académie des Sciences, rue Joseph-Bara, 4.

MM.

PICHON (François), Librairie générale de droit et de jurisprudence, rue Soufflot, 20.

PICHON (Henri), directeur d'école professionnelle, rue de Rivoli, 136.

PICHON (René), professeur, rue Vauquelin, 38.

PIERRE (André), professeur, rue François Ier, 3.

PINAT (Émile), éditeur, quai des Grands-Augustins, 49.

POINAT (A.), éditeur, boulevard Saint-Michel, 121.

POINCARÉ (Lucien), directeur de l'Enseignement supérieur, rue de Rennes, 130.

POINSOT, homme de lettres, rue Vauquelin, 15.

PORCABEUF, imprimeur en taille-douce, rue Saint-Jacques, 187.

PRACHE, brocheur, boulevard Saint-Germain, 149.

PRADELLE (Jean), bibliothécaire de l'École des Ponts et Chaussées.

PROTAT, imprimeur, rue de la Barre, 1, à Mâcon (Saône-et-Loire).

PUTOIS, fabricant de papiers, rue Turbigo, 3.

QUET (Édouard), homme de lettres, rue de Sannois, 29, à Ermont (Seine-et-Oise).

QUIRIELLE (Pierre de), publiciste, rue Cassette, 32.

QUITTARD, vice-président de la Société de secours mutuels des Employés en librairie, rue Régis, 6.

RAMIN (H.), cogérant de la Société Firmin-Didot, rue Jacob, 56.

RASMUSSEN (Vald.), libraire, rue Hautefeuille, 1 bis.

RÉGAMEY (Frédéric), homme de lettres, boulevard Suchet, 61.

RÉGAMEY (Jeanne), femme de lettres, boulevard Suchet, 61.

REINACH (J.), avenue Van-Dyck, 6.

REINACH (Th.), directeur de la Gazette des Beaux-Arts, boulevard Saint-Germain, 106.

RENOUARD, président du Syndicat patronal des Imprimeurs typographes, place du Panthéon, 5 bis.

RESCHAL ET Cie, librairie de l'Estampe, rue Joubert, 21.

REY (Jules), libraire-éditeur, Grand'Rue, 23, à Grenoble (Isère).

RICHE (Daniel), rue Bernard-Palissy, 4.

RICHET (Ch.), membre de l'Institut, rue de l'Université, 15.

RIFF (Eugène), de la Bibliothèque d'éducation, rue de Cluny, 15.

RIGNY (R. de), Jurisprudence générale Dalloz, rue Soufflot, 11.

RIOU (Gaston), homme de lettres, rue de Téhéran, 5.

RIST (Ch.), professeur à la Faculté de droit de Paris, rue du Parc-de-Clagny, 18 bis, à Versailles (Seine-et-Oise).

MM.

RIVET (L.), de la Société amicale des Protes et Correcteurs de l'Imprimerie de France, passage de l'Elysée-des-Beaux-Arts, 11.

ROBELIN, secrétaire général de la Ligue française de l'enseignement, rue Récamier, 3.

ROCHARD, homme de lettres, villa des Pins, au Cannet (Alpes-Maritimes).

ROCHES, directeur de la revue *l'Art décoratif*, rue des Arènes, 2.

RODARY, directeur des *Heures littéraires illustrées*, rue Cassette, 13.

RODOCANACHI (E.), rue de Lisbonne, 54.

RODRIGUES (E.), rue de Liège, 40.

ROMOFF, journaliste-publiciste, rue du Val-de-Grâce, 11 *bis*.

RONCIÈRE (CH. DE LA), conservateur du département des imprimés à la Bibliothèque Nationale, rue Jacob, 46.

RONDELET, éditeur, rue de l'Abbaye, 14.

ROSNY ainé (J.-H.), rue de Rennes, 47.

ROUART, éditeur de musique, rue d'Astorg, 29.

ROUSIERS (PAUL DE), rue de Bourgogne, 19.

ROUSTAN, éditeur, quai Voltaire, 5.

ROUVRE (CH. DE), homme de lettres, boulevard des Batignolles, 24.

ROUX (docteur), rue Dutot, 25.

RUAZ (E. DE), président de la Société artistique de la gravure sur bois, rue Gager-Jabillot, 8.

RÜMLER, administrateur-délégué de la Librairie de la Construction moderne, rue de l'Odéon, 13.

SAINT-GILLES (Cte HERVÉ DE), rentier, rue de Marignan, 18.

SALABERT, éditeur de musique, rue Chauchat, 22.

SALING, maître fondeur typographe, rue du Montparnasse, 21.

SANBORN (A.), du Service de la Propagande (Ministère des Affaires Étrangères), rue François Ier, 3.

SAUNIER (Charles), homme de lettres, rue Georges-Saché, 2.

SAZIE (LÉON), homme de lettres, rue Gaston-de-Saint-Paul, 6.

SCHALCK DE LA FAVERIE, bibliothécaire principal à la Bibliothèque Nationale, avenue de la Motte-Picquet, 17.

SCHEFER, professeur à l'Ecole des Sciences politiques, rue du Canivet, 3.

SCHNEIDER (EUG.), maître de forges, rue d'Anjou, 42.

SCHŒLLER (RENÉ), secrétaire général de la Commission interministérielle de la Presse, rue de Grenelle, 101.

SCHWARZ, libraire, rue de la Chaussée-d'Antin, 58.

SEBERT (Général), membre de l'Académie des Sciences, rue Brémontier, 14.

MM.

SEGAUD, libraire à Arras, rue Bonaparte, 45, à Paris.

SENART (Maurice), éditeur de musique, rue du Dragon, 20.

SIMON (Jacques), gérant des établissements Marinoni, rue d'Assas, 96.

SOLARI (Émile), homme de lettres, rue Boursault, 42.

SOUVIGNY (Mme Jacques), femme de lettres, rue du Général-Foy, 50.

STEINHEIL (Robert), de l'imprimerie-librairie Berger-Levrault, rue des Glacis, 7, à Nancy (Meurthe-et-Moselle).

STROWSKI (Fortunat), professeur à la Sorbonne, rue Jacob, 54.

SYNDICAT GÉNÉRAL DE L'IMPRESSION TYPOGRAPHIQUE PARISIENNE, rue de Savoie, 9.

TALLANDIER, éditeur, rue Dareau, 75.

TARIDE, éditeur, boulevard Saint-Denis, 20.

TÉRAMOND (Guy de), homme de lettres, rue Jasmin, 4.

TESSIER, libraire, rue Saint-Roch, 20.

TESSIER (G.), représentant le Syndicat des Employés du Commerce et de l'Industrie et le Syndicat des Ouvriers de l'Imprimerie, rue Cadet, 5.

TEULET, secrétaire général de la Société des Poètes français, rue des Marais, 46.

THEUVENY (Louis), directeur de la Renaissance du livre, boulevard Saint-Michel, 78.

THIL (Alcide H. du), directeur du journal la Grande France, rue Saint Lazare, 94.

TONDEUR SCHEFFLER, consul de France, détaché à l'Ambassade de France à Rome.

TOURNON (A.), imprimeur typographe, rue Saint-Honoré, 257.

TOUTAIN, directeur d'études à l'École des Hautes Études Commerciales, rue du Four, 25.

TROGAN, directeur du Correspondant, rue Saint-Guillaume.

TRUYTS, Imprimerie centrale de l'Ouest, rue de Saumur, à La Roche-sur-Yon (Vendée).

TULEU, fondeur en caractères, rue d'Hauteville, 58.

VALOIS (Georges), éditeur, rue de Médicis, 11.

VARIOT (Jean), homme de lettres, rue Christine, 5.

VAUNOIS, faubourg Saint-Honoré, 197.

VENOT, libraire, place d'Armes, 1, à Dijon (Côte-d'Or).

VERRIER (Paul), professeur à la Sorbonne, quai de Bourbon, 19.

VIGOT (Paul), éditeur, rue de l'École-de-Médecine, 23.

VILLEROY (Auguste), auteur dramatique, rue de Ponthieu, 25.

VIOLLE J.), membre de l'Institut, boulevard Saint-Michel, 89.

MM.

VOGEL (Lucien), directeur de *la Gazette du Bon Ton*, rue Bonaparte, 18.

VOIROL, secrétaire général de l'Association corporative des Écrivains français, rue Vineuse, 29.

VUIBERT, éditeur, boulevard Saint-Germain, 63.

WARGUES, compositeur de musique, rue Guilbert, 36.

WEIL (G. et Cie), éditeurs, boulevard Malesherbes, 43.

WELSCHINGER, membre de l'Académie des Sciences morales et politiques Palais du Sénat.

WETTERLÉ (abbé), de la Société des Gens de Lettres, 28, quai de Passy.

WIDOR, secrétaire perpétuel de l'Académie des Beaux-Arts, rue des Saints-Pères, 7.

WOLF (L.), imprimeur lithographe, rue Pierre-Corneille, 13, à Rouen (Seine-Inférieure).

WOLF (Pierre), auteur dramatique, rue d'Aumale, 22.

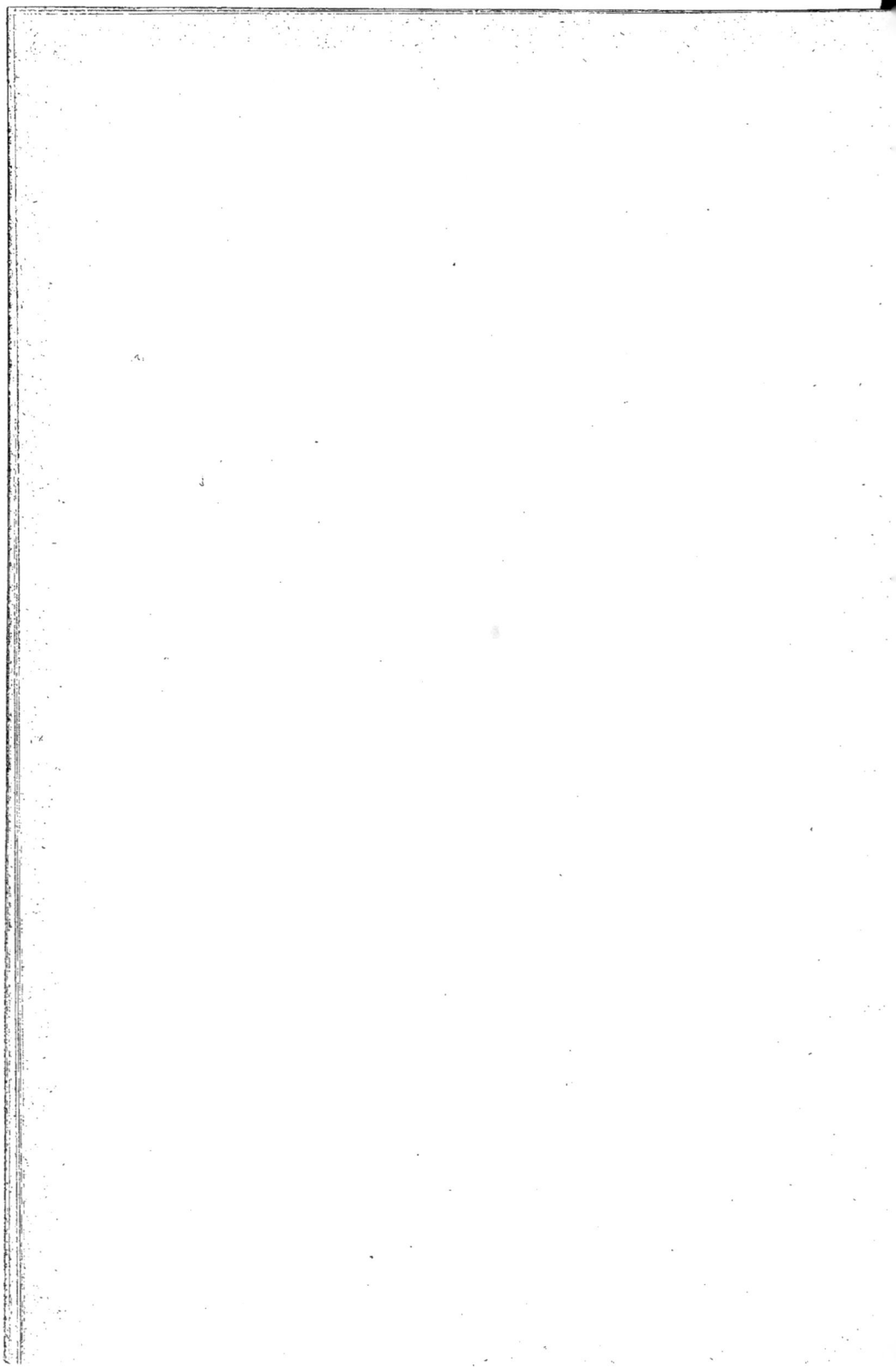

II

RAPPORT GÉNERAL

PAR

M. JULES PERRIN

MEMBRE DU COMITÉ DE LA SOCIÉTÉ DES GENS DE LETTRES

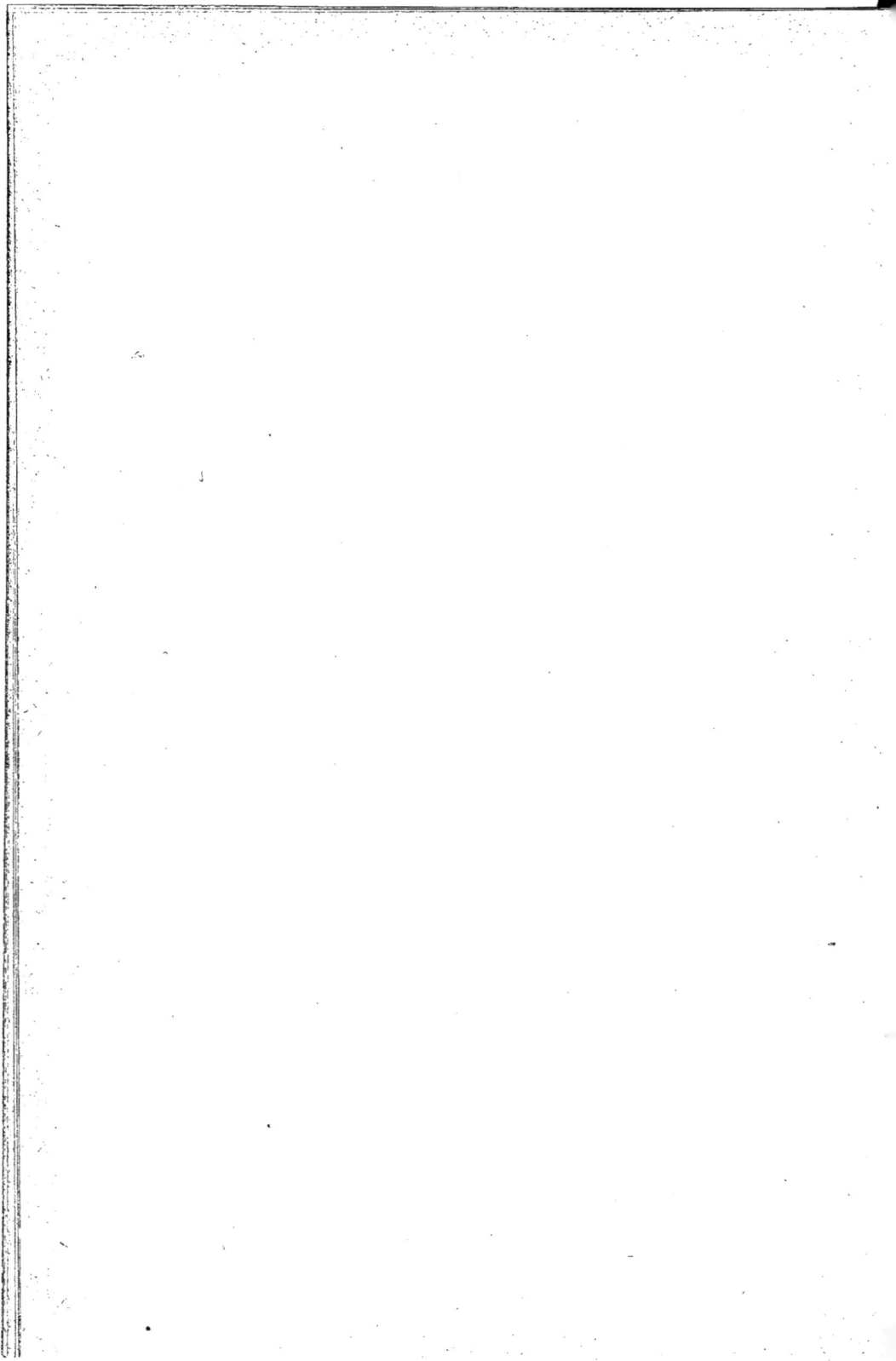

INTRODUCTION

La crise du livre. Il y a longtemps que cette formule un peu simpliste court les centres littéraires et les salles de rédaction. Elle est commode pour servir d'étiquette à toutes sortes de récriminations souvent passionnées et justifie à première vue certaines polémiques qui eussent gagné à se fortifier par une documentation précise ; que les intentions en aient été *pures*, que le souci du patriotisme le plus élevé en ait été la base, personne n'a le droit d'émettre là-dessus le moindre doute. Il n'y a pas un seul cri d'alarme plus puissant que celui-ci : Le livre français se meurt! Le livre français est mort! Nul en France parmi ceux qui tiennent une plume, nul parmi ceux qui, de loin ou de près, touchent à l'industrie libraire française, que dis-je? nul, parmi ceux (et ils sont légion chez nous) qui lisent, pensent et réfléchissent, ne devait rester insensible à un tel appel.

C'est que de toutes les prétentions que peut

émettre la France, il n'y en a pas une qui soit aussi justifiée que celle d'avoir, depuis les temps antiques, poussé le plus fortement, selon le verbe du poète,

... Cet ardent sanglot qui roule d'âge en âge,

et contribué, pour la plus grande part, à ce rayonnement lumineux qu'épandent sur le monde les grands penseurs et les grands artistes dont les œuvres constituent les phares intellectuels de l'humanité. Ce qu'est le Livre français, nous en avons la pleine conscience et la juste fierté : il est fait de substance nutritive, d'essence forte et légère, puissamment digestive et reconstituante sous un petit volume; dédaigneux de la masse pédante et pesante, c'est un élixir de pensée, d'assimilation aisée, immédiate, toute de suite nourrissant, clarifié par notre génie et vierge de tout déchet. Parce que notre langue est le produit d'une longue culture, parce que nos ancêtres l'ont, à travers les âges, amoureusement assouplie et enrichie, elle conserve la logique de la construction latine et veut le bon sens comme l'ordre jusque dans son imagination poétique, jusque dans son argot populaire fait d'observation narquoise judicieusement imagée; parce que cette langue, à l'écrire, à vivre dans sa musique limpide et sonore, une griserie vous prend, une frénésie vous gagne, à l'alléger pour l'enrichir; car, chose étrange! c'est non à multiplier les mots mais à les réduire que finit par s'évertuer le virtuose : et là toute la richesse est dans la simplicité.

Chaque peuple a son génie : le nôtre est fait de
cette grâce légère; laissons la balourdise pédan-
tesque de qui vous savez nous reprocher cette grâce
dont tous, amis et ennemis, ont, volontairement ou
non, subi le charme. Avec ses ailes *légères*, la pensée
française a fait le tour du monde, répandant sous
une forme *légère* les idées les plus fortes, exerçant
ainsi, sous une forme *légèrement* et puissamment
substantielle, une influence à ce point décisive qu'elle
a fini par servir de caractéristique à l'esprit même
de la présente guerre; et c'est ainsi que la pensée
française est maintenant comme le palladium que
portent devant eux dans la bataille les peuples épris
de justice et de liberté.

Et cette pensée-là, s'il faut en croire le cri
d'alarme que l'on pousse, elle serait désormais en
péril, parce que le livre français qui la propage,
après avoir occupé le premier rang sur le marché
du monde, serait ravalé jusqu'à la seconde, voire à
la troisième place, par suite d'insuffisance dans les
conditions matérielles de sa facture et de son
expansion.

A l'heure où nous sommes, un devoir s'impose à
tous les Français. Le moment n'est pas éloigné où,
comme conclusion à la lutte formidable que nous
soutenons contre un avide adversaire, de nouveaux
traités vont s'élaborer qui régleront sur un nouveau
modèle la future vie économique de notre nation ; il
importe que cette heure nous trouve préparés à la
discussion de tels accords et, pour aborder utilement une telle besogne, il importe au préalable de

faire, dans tous les domaines de notre production nationale, un inventaire de nos ressources en même temps qu'un examen de conscience où s'éclaireront nos fautes possibles et nos responsabilités. Quels besoins nous avons et quelles méthodes nous conviennent, voilà ce qu'il faut que nous établissions avec certitude : quels que soient les défauts de notre système producteur, quelles que soient les raisons de ces défauts, il importe d'amender les uns et de remédier aux autres.

Mais on conçoit que, limitée à des polémiques de presse, une telle besogne risque fort de demeurer incomplète et de s'égarer en désordre. Insinuer que le livre français, si vif et si brillant qu'il soit demeuré dans son essence, a vu décroître sa vente progressivement parce que les artisans de sa fabrication matérielle se sont laissé distancer par la concurrence étrangère, parce que les négociants propagateurs de son expansion n'ont point su maintenir leur activité au niveau de l'organisation marchande d'autres nations, ce n'est peut-être pas tout à fait vrai d'abord et ce ne serait, à tout prendre, tout à fait juste que si l'on tenait compte, en même temps que du grief, des difficultés souvent insurmontables auxquelles se heurtent depuis quelque temps, dans le monde, l'industrie française et son trafic, paralysés par les lisières de certains tarifs comme par l'inertie de certains rouages de notre mécanisme commercial.

Au surplus, des causes générales sont à la base du malaise quasi national dont souffre la France depuis

plus de quarante années. Mal préparée à cette attitude de vaincue à laquelle il lui a bien fallu se rési-
gner depuis 1871, il semble que, plus que toute autre
nation, elle ait subi les conséquences de cette situation sous forme d'une manière d'asthénie générale
où ses brillantes facultés, sans s'atrophier, se dé-
tendirent progressivement jusqu'à donner à certains
qui la connaissent mal l'illusion d'une inertie définitive et d'un découragement sans espoir. Progressivement, le fret et le tonnage de notre marine
marchande se mirent à diminuer d'importance, tandis qu'à côté de nous grandissaient des prospérités
étrangères dont la plus redoutable était une ennemie ; et ainsi, il n'y eut pas plus une « crise » pour
le Livre que pour tout autre produit français ; il y
eut, il y a encore une *crise française* dont les causes
sont nombreuses, enchevêtrées et redondantes. Mais
encore faut-il les dénombrer pour les connaître ; et
c'est pour cela que de bons esprits, clairvoyants et
pratiques, ont estimé qu'il convenait de s'élever au-
dessus des polémiques, d'envisager résolument
chaque question entre professionnels, en faisant
appel à toutes les compétences.

De là, ce premier Congrès National du Livre.

L'idée en fut lancée au mois d'avril 1916 à l'Exposition de Lyon, pendant cette foire du Livre qu'y
avait organisée M. Edouard Herriot, sénateur, maire
de Lyon. Ce fut M. Pierre Decourcelle, alors Président de la Société des Gens de lettres, qui en prit
l'initiative. L'affaire était en bonnes mains, et le
Congrès a apprécié quel homme d'action est Pierre

Decourcelle et de quelle intelligente énergie il est
capable pour organiser et faire aboutir une entreprise de ce genre. Toutefois, le concours de ceux
qui écrivent les livres ne lui eût point suffi; car, s'il
y a une crise du Livre, elle n'est point toutefois
imputable aux écrivains français dont le nombre ni
la fécondité n'ont décru : les compétences indispensables dans l'espèce se trouvaient réunies dans cet
organisme puissant, syndicat des syndicats de l'industrie du livre français, qui porte le nom de *Cercle
de la Librairie* et c'est là que, tout de suite, Pierre
Decourcelle vint solliciter le concours indispensable
au succès de son entreprise. M. Louis Hachette,
président, et son conseil tout entier accueillirent
l'idée et s'empressèrent d'accorder leur concours
pour la réaliser. Entre temps, un groupe de savants
et de membres de l'Institut, le *Comité du Livre*, présidé tour à tour par le regretté Maspero et par un
savant distingué, M. Emile Picard, aujourd'hui secrétaire de l'Académie des Sciences, avait spontanément
offert sa collaboration. Sous le patronage de ces
trois associations : Société des Gens de lettres,
Cercle de la Librairie, Comité du Livre, un comité
d'organisation fut constitué de la manière suivante :
Président : M. Pierre Decourcelle, président de la
Société des Gens de lettres; Vice-présidents :
MM. Louis Hachette, président du Cercle de la Librairie, et Emile Picard, président du Comité du
Livre; Membres : MM. Max Leclerc, éditeur; Jules
Perrin, membre du Comité de la Société des Gens
de lettres; J. de Dampierre, secrétaire général du

Comité du Livre; J. Lobel, directeur du Cercle de la Librairie; J.-P. Belin, éditeur.

Au cours d'une réunion préliminaire antérieurement tenue au siège de la Société des Gens de lettres, un certain nombre de personnalités appartenant au monde de la librairie et des lettres avaient préconisé la répartition des travaux préparatoires du Congrès entre plusieurs commissions qui eussent été chargées de provoquer et de centraliser les rapports sur les diverses questions intéressant l'ensemble de l'industrie du Livre. Le Comité d'organisation, soucieux de simplifier le travail, crut devoir procéder plus rapidement en sollicitant directement le concours des rapporteurs, qu'il s'efforça de choisir parmi les spécialistes les plus autorisés.

Trop de questions intéressantes sollicitaient l'attention et, forcément, il a fallu choisir, recourir au plus pressé. Les lacunes que présente le Congrès de 1917, c'est au prochain Congrès qu'il appartiendra de les combler. Mais, si l'on considère que ce travail de préparation n'a pas demandé moins de six mois d'activité sans relâche, on comprendra qu'il était difficile de faire plus pour faire aussi vite que possible.

Le dimanche 4 mars, à deux heures de l'après-midi, M. Raymond Poincaré, Président de la République, présidait la séance d'inauguration du Congrès national du Livre à la Sorbonne, dans l'amphithéâtre Richelieu; à ses côtés, sur l'estrade, avaient pris place M. Clémentel, ministre du Commerce, et M. Dalimier, sous-secrétaire d'État aux Beaux-Arts, des délégués de tous les grands Corps savants, les membres du Comité d'honneur et du Comité d'organisation.

M. Pierre Decourcelle prenait alors la parole pour remercier le chef de l'État de la haute marque d'intérêt que sa présence donnait à la cérémonie; il exposait ensuite dans le beau discours qu'on a lu d'autre part le programme et le but du Congrès dont M. le Président de la République proclama l'ouverture, après avoir, en termes élevés, apprécié et loué l'initiative prise par le président de la Société des Gens de lettres.

Le lundi 12, dans les salons du Cercle de la Librairie, le travail commençait. Répartis en deux sections, l'une d'ordre technique et professionnel, l'autre plus spécialement réservée aux questions d'expansion commerciale et industrielle, les cinq cents congressistes ont, pendant la semaine, tenu cinq séances au cours desquelles ils ont examiné vingt-six rapports dont les conclusions ont fait l'objet d'un certain nombre de vœux, pour la réalisation desquels un Comité exécutif a été nommé. Ce Comité, composé des présidents en exercice et de deux délégués de chacune des trois associations organisatrices : Société des Gens de lettres, Cercle de la Librairie, Comité du Livre, présidé par le Président de la dernière session du Congrès, a reçu, en outre, mission de préparer, dès maintenant, le travail du prochain Congrès du Livre. Sans sortir de notre cadre, nous pouvons dire qu'il poursuit activement sa tâche pour assurer l'exécution des vœux dont il s'est fait l'interprète, en en faisant parvenir l'expression aux différents corps délibérants, aux services et groupements professionnels auxquels il appartient de les faire aboutir.

Les discussions auxquelles donnèrent lieu les vingt-six rapports présentés au Congrès ont mis en lumière un ensemble de faits où se précise la situation commerciale et industrielle de la Librairie française dans toute sa force et dans tous ses besoins. C'est cet ensemble qu'il nous a paru intéressant de présenter synthétiquement dans ce rapport général, où nous nous efforcerons de définir clairement l'état d'une des plus puissantes et des plus essentielles industries de la France en montrant, d'après les suggestions les mieux qualifiées, les points de faiblesse où notre effort national doit s'évertuer à intervenir pour assurer dans le monde entier, par le moyen de la vente du livre français, l'expansion de la pensée nationale. Qu'il soit besoin pour y parvenir victorieusement de beaucoup de transformations dans notre système de production comme dans nos méthodes de propagande, c'est ce qui ressort des conclusions que nous allons tenter de dégager de cet ensemble de documents déjà publiés par les soins du Comité d'organisation devenu, par une décision des Congressistes de 1917, le Comité d'exécution des vœux émis par le Congrès national du Livre. Toutes les questions étudiées et discutées au cours des cinq séances qui occupèrent cette semaine de travail se révèlent solidaires entre elles; il a paru qu'elles gagneraient à se trouver rassemblées,

présentées par catégories, selon un ordre de logique
et non plus seulement à la façon successive nécessitée
pour leur discussion.

Dans chacun de ces rapports, nous choisirons
les éléments d'information et les suggestions de
réforme ou d'amélioration, pour présenter un tableau
général de l'industrie du Livre établi selon des divi-
sions générales. Dans une première partie, nous
exposerons l'état du commerce et de l'industrie du
Livre à la veille de la présente guerre, en faisant
ressortir les raisons de ce qu'on est convenu d'appeler la crise du Livre, l'état de la concurrence, les
imperfections de la main-d'œuvre et de l'outillage ;
puis, dans une seconde partie, de l'ensemble des
discussions du Congrès et des vœux émis, nous
dégagerons les moyens proposés pour remédier à
un état de choses préjudiciable au développement
d'une industrie qui intéresse au premier chef la vie
nationale et le génie de la France.

Ainsi nous aurons attesté l'importance du travail
accompli par le Congrès, et peut-être fait mieux
comprendre à ceux qui n'en purent suivre les intéressants débats la haute valeur de l'œuvre entreprise par les écrivains, les artisans et les chefs
d'industrie qui en furent les initiateurs et en pour-
suivirent la réalisation.

PREMIÈRE PARTIE

LA SITUATION GÉNÉRALE
DE L'INDUSTRIE DU LIVRE EN FRANCE
EN 1914

I

LE COMMERCE DU LIVRE FRANÇAIS
ET LA CONCURRENCE ÉTRANGÈRE

Pour établir une vue d'ensemble de la situation du commerce du Livre en France au moment de la déclaration de guerre, nous trouvons dans l'excellent rapport de MM. Max Leclerc et J.-P. Belin [1] tous les éléments d'information qu'ils ont puisés dans le *Tableau général du Commerce de la France*. Nous y voyons que de 1905 à 1913 le chiffre des importations a passé de 36 971 à 62 537 quintaux, soit une augmentation de 69 p. 100 en huit ans.

Dans le même laps de temps, pour contre-balancer les progrès accomplis sur notre marché par l'industrie étrangère, il convient de faire valoir que

---

1. Max Leclerc et J.-P. Belin, *les Industries du Livre et le Commerce extérieur de la France*.

le chiffre de nos exportations passait de 77 905 à
132 590 quintaux, ce qui constitue en notre faveur
une augmentation moyenne de 70 p. 100, excédent
qui, pour l'année 1913, s'est élevé jusqu'à 112 p. 100
avec le chiffre de 132 590 quintaux à l'exportation
contre 62 537 à l'importation.

Dans le total des exportations, les livres de langue
française figurent pour une augmentation d'environ
50 p. 100, les livres en langue étrangère entre 75 et
150 p. 100, les périodiques 160 p. 100; les gravures
varient peu ; la musique, en revanche, est en baisse
constante, puisque les importations y conservent
une supériorité de 2348 p. 100 au tableau de 1913.

A ne considérer que la balance des chiffres, il
semble donc que la situation puisse être tenue pour
satisfaisante dans son ensemble ; et, si l'on entre
dans le détail, il y a lieu de se féliciter à constater
les progrès faits par le livre français dans certaines
régions telles que la Belgique qui absorbe à elle
seule plus de 42 p. 100 de nos exportations totales,
les États-Unis, l'Italie, le Brésil, la République
Argentine où le chiffre de nos envois a presque
doublé et surtout le Canada où nos progrès furent
énormes, puisque, de 653 en 1906, le montant de nos
exportations y passait en 1912 au total de 3 181 quintaux. Et MM. Max Leclerc et J.-P Belin ont pleinement raison de dire que ce sont là des statistiques
qui témoignent de progrès réguliers et souvent
rapides.

Et pourtant, à ce tableau d'apparence satisfaisante, les rapporteurs ont eux-mêmes donné l'ombre

inquiétante, l'ombre qui depuis quelque dix ans tend
à envahir la zone des plans lumineux ; car, si le
chiffre des importations chez nous de matières imprimées se dénombrait en produits de langues étrangères, il signifierait une simple et naturelle curiosité du public français soucieux de mieux connaître
dans son expression l'âme cosmopolite, et il n'y
aurait lieu que de se féliciter d'une telle curiosité, en
constatant avec fierté que nous donnons au monde
entier à nous seuls plus qu'il ne nous envoie dans
son ensemble. Malheureusement il n'en est pas
ainsi ; et, si nous dénombrons en catégories le
chiffre des importations, nous sommes amenés à
constater que, tandis que l'entrée des livres en
langues étrangères demeure à peu près stationnaire,
il est entré chez nous deux fois plus de *livres en
langue française* en 1913 qu'en 1905 (17 981 contre
8 251, soit une progression de 118 p. 100).

Voilà le fait brutal, le fait qui, à lui seul, justifie
la réunion du Congrès et explique, en dépit de
toutes nos sympathies pour les nations alliées et
amies, la résolution que nous avons prise et
maintenue de conserver à cette première réunion
des professionnels du Livre un caractère exclusivement national. Jusque chez elle, l'industrie du Livre
français est menacée par une concurrence contre
laquelle ses propres frontières s'avèrent incapables
de la défendre : ceux qui vivent du Livre s'in-
quiètent d'une semblable situation et veulent y
chercher des remèdes. Assurément ils sont résolus
à demeurer fidèles au respect de l'intérêt supérieur

qui s'attache au maintien des principes en vertu desquels la pensée humaine doit demeurer libre dans son vol au-dessus des frontières; mais, en même temps, ils sont énergiquement décidés à tout faire pour que la pensée française conserve son expression purement ethnique, pour que sa forme matérialisée doive avant tout son existence à l'initiative et au travail de ses artisans autochtones. Ainsi elle assurera l'intégralité de son génie, duquel le monde entier se reconnaît tributaire, et, en évinçant tout au moins la concurrence ennemie et haineuse, elle épurera jusqu'à la parfaite limpidité le rayonnement de son clair esprit.

Dans cette concurrence qui, jusque sur notre propre terrain, est parvenue ainsi à lutter avantageusement contre notre librairie nationale, il y a des distinctions à faire. Certaines nations amies, comme la Suisse, ont doublé le chiffre de leurs importations; d'autres comme les Pays-Bas l'ont triplé, tandis que l'Italie passait du total de 99 à celui de 363 quintaux, soit une augmentation de 266 p. 100. Cependant l'ensemble de nos importations de ces trois pays n'est pas considérable et c'est ailleurs que nous devons chercher à combattre. Quant à la Belgique, terre en partie de langue française, il n'est point extraordinaire qu'elle soit devenue le principal centre d'importation en France de livres imprimés en idiome français : une main-d'œuvre à bon marché, l'entrée en franchise dans ce pays des papiers de fabrication étrangère, voilà qui explique que certains éditeurs français, notamment dans la librairie religieuse, aient trouvé leur compte à faire imprimer leurs livres en Belgique.

La gravité de la situation s'accentue à l'examen du tableau des importations venues d'Angleterre et d'Allemagne. Ici les marchandises importées sont dues, non plus en partie à des commandes de maisons françaises, mais à des initiatives concurrentes nettement étrangères, dont il importe d'examiner l'esprit et les tendances.

A ne considérer que les quantités, il faut reconnaître que, au point de vue strictement commercial, la plus redoutable de ces concurrences provient de la production anglaise. Dans l'espace de temps que nous avons considéré jusqu'à présent pour l'évaluation des chiffres, c'est-à-dire de 1905 à 1913, nous constatons pour l'Angleterre une progression de 843 à 3 851 quintaux, soit une augmentation véritablement saisissante de 2 593 p. 100 dont il n'est point malaisé d'expliquer l'origine. Tout le monde connaît la large place prise sur notre marché par deux collections anglaises dont l'une, dite *collection Nelson*, a commencé par répandre chez nous un certain nombre de romans et de livres d'actualité français, pour tenter ensuite avec succès d'y vulgariser nos auteurs classiques, suivie bientôt dans cette voie par la maison Dent qui mit en vente une *collection Gallia* dont le succès ne fut pas moindre ; succès justifié d'ailleurs par les conditions matérielles où se trouvèrent présentés au public français ces petits volumes édités avec goût et à des prix que notre industrie nationale est, comme nous le verrons bientôt, dans l'impossibilité absolue de soutenir par suite de difficultés qu'il ne dépend point uniquement d'elle de surmonter.

Ici nous nous trouvons en face du libre jeu de la concurrence et, pour qui connaît la loyauté, pour qui rend hommage à la belle hardiesse quasi sportive du commerce anglais, la question, pour grave qu'elle puisse être, ne présente point le caractère inquiétant, sournoisement tendancieux chez telle autre nation rivale : il suffira, peut-on penser, de mesures d'ordre économique, d'un sursaut d'initiative et d'une meilleure méthode de travail, pour que la production française devienne capable de rattraper le terrain gagné par un adversaire mieux équipé, supérieurement entraîné, mais toujours respectueux des règles immuables d'un *fair play* international où la lutte n'exclut ni la probité réciproque ni les procédés courtois.

Il n'en va pas de même à l'examen de la situation créée chez nous, par l'envahissement de la production allemande, d'imprimés en langue française ; et là il convient d'étudier les choses de plus près.

De 1 776 quintaux les importations de ce genre ont passé à 3 643, dans l'espace compris entre 1905 et 1913, ce qui constitue une augmentation de 106 p. 100. A la vérité, il semble bien que la guerre soit venue à temps pour empêcher cet envahissement de porter chez nous tout le fruit empoisonné qu'en pouvait attendre l'astuce vaniteuse d'un ennemi qui ne sait concevoir la concurrence que sous les formes de la haine. Répudiant les conventions géné-

reuses qui, de peuple à peuple, ont fini par ennoblir
jusqu'à l'instinct de la lutte pour l'existence, celui-
ci n'admet aucune ligne pour circonscrire le champ
couvenu des blessures ; tout coup fait mouche et il
faut convenir que, dans le domaine supérieur de la
pensée imprimée, la librairie allemande a eu recours
aux gaz asphyxiants plus qu'à l'art du fleuret. En
dehors d'une collection à 50 centimes d'auteurs
français (*Bibliotheca romanica*) qu'elle importait chez
nous avec un certain nombre de dictionnaires
bilingues, d'ouvrages de géographie, de méthodes
pour l'enseignement des langues vivantes, de guides
de voyage Boedeker assez perfidement rédigés au
bénéfice de l'industrie allemande, la grande masse
des importations venues d'Outre-Rhin se compose de
romans populaires en livraisons et de journaux de
modes.

Il est possible aujourd'hui de mesurer la niaiserie
et l'extravagance de ces publications dont on a
maintes fois déjà souligné la détestable influence
sur l'esprit et le goût français. Tous ces *Nick Carter*
et ces *Buffalo Bill*, conçus selon une formule banale,
ont-ils été écrits en Allemagne, imprimés à Dresde
et expédiés chez nous en franchise pour y surexciter
et y détraquer l'intelligence d'une jeunesse avide
d'aventures et susceptible d'en chercher la réalisation dans le crime? On ne saurait l'affirmer, bien
entendu; mais est-il défendu de le supposer, en présence de tant d'évidentes perfidies, de telle manifeste ingéniosité dans l'art des préparations nocives
et d'une psychologie où la grossièreté apparente en

vient à nous déconcerter à l'analyse par ses raffine-
ments inattendus? Pareillement, était-elle préméditée
l'extraordinaire incohérence de ce soi-disant « chik
parisien » que soixante journaux de modes, édités à
Paris et inspirés à Berlin ou à Vienne, vinrent tout à
coup répandre dans le monde entier, qui s'effara de
n'y plus rien discerner de l'habituelle sûreté de goût
et d'élégance par où s'était, jusqu'à ce jour, supérieurement recommandée l'industrie de la couture
française?

Il est possible que l'affirmative en soit osée; mais
n'est-il point suffisant que l'estampille de semblables programmes ait une apparence française
pour qu'il devienne urgent de prendre des mesures
à seule fin de dissiper l'équivoque? Voulues ou non,
les conséquences de telles pratiques sont néfastes
pour notre industrie nationale, comme le sont, en
dehors de notre territoire, les résultats de la mise en
vente de ces livres pseudo français signés de noms
inconnus en France, que nous avons tous remarqués
aux étalages des grandes villes de l'étranger et dont
les titres seuls constituent souvent un outrage à la
morale, un flagrant délit d'impudeur et de bassesse
intellectuelle. Ce danger-là, l'un des rapporteurs les
plus autorisés du Congrès, mon éminent confrère
Edmond Haraucourt, n'a point hésité à le signaler
comme une manœuvre sournoise[1]. « Avec évidence,
dit-il, il démontre que la pornographie est notre
thème national, et notre spécialité en librairie inter-

---

1. Edmond Haraucourt, *la Démoralisation par le livre et l'image.*

nationale : nous en avons le monopole que personne
ne nous conteste; notre littérature est la proxénète
du monde. »

Simplement, la préméditation se peut repousser du
pied : les conséquences seules importent; bornons-
nous donc à restreindre l'examen au strict point de
vue de la concurrence.

Nous savons que, avant de tenter la lutte sur
notre propre sol national, la librairie allemande a
commencé, dans le monde entier, à faire d'énormes
progrès; que la cause en soit due à une production à meilleur compte, à une organisation commerciale supérieure, à des procédés de vente plus
agissants que les nôtres, c'est ce qu'il importe
d'examiner. Est-il vrai d'abord que la production
libraire française soit inférieure en qualité à la production allemande?

On connaît le terrain sur lequel l'adversaire a judicieusement porté la lutte. Comprenant la nature de
la force réelle du génie français, ayant vu de longue
date que c'était notre influence spirituelle qui faisait
rayonner sur le monde le nom de la France, l'Allemagne s'est donné pour but d'y substituer ce qu'elle
appelle sa « culture » qui, si l'on y réfléchit, n'est
point tellement différente de la culture universelle;
c'est seulement dans la « manière » que s'accuse la
disparité. La généralité des peuples civilisés com-
munie dans la jouissance du trésor intellectuel que
l'Allemagne s'ingénie à exploiter à l'allemande, avec
son goût sauvage du colossal qui est à la grandeur
ce que son fatras philosophico-philologique est à la

science. En revanche, ses marchands sont persévé-
rants et persuasifs, et l'on sait le succès qu'ils ont
su faire dans le monde à l'ensemble de la production
allemande.

En face de l'incontestable prospérité de la librairie germanique, il eût été d'un intérêt certain d'étudier l'ensemble de la situation du côté français. Ce
premier Congrès du Livre n'en a pas eu le temps,
ou plutôt il a eu souci du plus pressé. C'est pourquoi
nous ne trouvons à son programme, en dehors des
livres classiques dont l'intérêt semble primer tous
les autres, que la Librairie industrielle et le Livre
illustré. Nous examinerons à sa place la question de
la librairie industrielle; quant au livre illustré, si,
d'une manière générale, sa qualité demeure solide,
si son succès n'a point faibli, reconnaissons que,
pour ce qui est de la valeur décorative de sa présentation, il semble qu'un certain malaise ait fini par
paralyser nos artisans un peu déroutés et indécis
entre l'imitation des styles anciens et l'incohérence
d'un art moderne incertain, demeurés comme
rêveurs en présence de ce que leur suggère cet « art
nouveau », dont ils suspectent l'origine et dont ils
hésitent à réaliser la fantaisie souvent hasardeuse.
Entre la nouveauté sans méthode et la routine au
moins rassurante, il ne sera point déraisonnable
qu'on se décide le plus communément pour ce qui
présente un caractère de stabilité.

C'est pourquoi, si l'on y réfléchit, il n'est point
surprenant que, sous la réserve de quelques fantai-
sies heureuses de rares artistes tels qu'Auriol, Giral-

don, Grasset, le livre français soit demeuré d'apparence un peu vieillotte et trop connue. Les spécialistes sont obligés d'en convenir[1], en dépit de l'habileté des exécutants, les couvertures de livres destinées à tirer l'œil de la clientèle n'ont pas toujours eu une bonne presse. Ils se défendent en invoquant les moyens rudimentaires employés, le goût même du public spécial et le peu de succès de la simplicité lorsqu'ils y ont eu recours; or, disent-ils justement, s'ils éditent des livres, c'est pour les vendre.

Une grande faveur s'est attachée aux ouvrages qui, de l'étranger, sont venus chez nous révéler au public français moins un art original qu'une manière différente d'interpréter les vieux styles. Cependant, les moyens ne manquent pas dans la main-d'œuvre supérieure de notre librairie illustrée; là comme ailleurs, l'intervention mécanique a joué son rôle sans toutefois se substituer, même dans la partie purement matérielle, au rôle intelligent de l'ouvrier.

C'est pourquoi les imprimeurs en taille-douce ont raison[2] lorsque, joignant leurs instances à celles des graveurs au burin[3], ils demandent que l'on précise d'une manière exacte le procédé artistique ou industriel à l'aide duquel auront été imprimées les illustrations. Certes, l'édition de luxe avec illustrations demeure encore une gloire française; et, en dépit des arts photomécaniques, la gravure sur bois, par

---

1. Boivin, *la Technique du livre illustré*.
2. Porcabeuf, *l'Impression en taille-douce*.
3. Jamas, *la Gravure au burin*.

exemple, est à bon droit considérée comme proprement irremplaçable dans sa qualité[1].

Cette prééminence dans le rare et le somptueux peut suffire à satisfaire notre amour-propre; exceller dans la production de quelques ouvrages d'art tirés à petit nombre pour des amateurs de choix, cela ne saurait pourtant limiter notre activité ni, surtout, compenser à nos yeux le recul que, sous la pression étrangère, nous avons été contraints d'effectuer par ailleurs et notamment sur le terrain de la librairie classique.

Là était l'un des plus intéressants problèmes que le Congrès eût à résoudre : rechercher les causes et l'étendue du succès qu'ont obtenu dans le monde entier les collections de textes anciens éditées par les Allemands, succès dus à des raisons économiques auxquelles les fabricants ajoutent un argument tiré de notre natalité affaiblie.

« Le public français, disent-ils, comparativement, achète peu. 110 millions de lecteurs d'origine germanique, 300 millions de lecteurs de langue anglaise constituent une clientèle en face de laquelle nos 40 millions de Français offrent de faibles chances de concurrence. Vendre beaucoup permet d'oser davantage. Donnez-nous des acheteurs. »

Nous retrouverons l'objection plus loin et nous l'examinerons de plus près. Elle a sa valeur au point de vue quantitatif plus que d'une manière qualitative, et l'on remarquera qu'elle n'a pas empêché cer-

1. Rapport présenté au nom de la Société artistique de la gravure sur bois.

taines améliorations en matière de livres classiques.
Qui prétendrait que les éditions entoilées offertes
aujourd'hui à la jeunesse des écoles par les maisons
Colin, Hachette, etc., ne sont point, dans leur habil-
lement, avec leurs illustrations photogravées, leur
documentation précise et pleine, d'une tenue incom-
parablement supérieure aux volumes cartonnés de
notre enfance ? Une initiative intelligente a passé par
là : qu'elle consente à s'en laisser féliciter par une
simple quarantaine de millions de Français. Mais, en
même temps, qu'elle prenne conscience de sa force
et, puisqu'elle a pu, sur un champ limité, réaliser
un progrès que personne ne saurait lui contester,
qu'elle mette en œuvre au plus tôt ses moyens de
réalisation technique et de propagande propres à
lui permettre une concurrence victorieuse dans le
monde à ces collections d'auteurs anciens qui, peu à
peu, ont substitué l'étiquette allemande à l'étiquette
française dans une branche d'industrie où, jusqu'au
milieu du dernier siècle, notre pays était demeuré
sans rival.

Nos vieilles collections Didot, nos recueils de
Lemaire et de Migne, en dépit de leurs mérites,
restent un peu en retard sur l'érudition moderne;
leur format lui-même en fait, selon l'expression
même des rapporteurs[1], « des curiosités de bibliothèques ». Pour en supplanter la valeur auprès
du public intellectuel, la collection allemande de
Teubner s'est assuré le mérite du bon marché,

---

1. A. Pichon et F. Strowski, *les Collections de textes classiques littéraires.*

d'un format commode et, sinon d'une réelle supériorité dans les notes et commentaires, au moins d'une scrupuleuse mise à jour, à l'aide de rééditions nombreuses qui tiennent compte de tous les progrès de la science philologique. Reconnaissons que ce sont là des qualités marchandes de premier ordre, et ne chicanons pas devant l'évidence d'un succès, d'où les Allemands n'ont que le tort de vouloir conclure à la supériorité décisive de leur méthode philologique.

Nous-mêmes, avons-nous fait tout ce que nous aurions pu faire pour regagner le terrain perdu? Il semble bien que non. Entre l'édition scolaire un peu insuffisante et l'édition savante qui n'est point abordable à tous, la place reste encore à prendre pour l'édition française d'érudition moyenne et suffisante où savants et intellectuels pourront s'intéresser également. Et puis, même les grandes éditions françaises, entreprises depuis une cinquantaine d'années, demeurent incomplètes. On a fait grand bruit il y a quelque temps en Sorbonne et jusque dans la presse au sujet de ce texte mis passagèrement au programme de la licence et que les candidats avaient dû se procurer à Leipzig ; on en avait conclu que l'Université française imposait à ses élèves l'achat de livres allemands. Incident minime, dont la portée fut exagérée pour les besoins d'une polémique, mais, en somme, symptomatique tout de même.

Ce ne sont point les valeurs qui font défaut. Nous ne manquons pas de professeurs ni de savants capables de mettre leur érudition au service de l'ensei-

gnement, et nous en pouvons citer la preuve dans la
petite collection Hachette, dans les collections Colin,
Hatier, etc., où des textes anciens ont été ainsi
élucidés par des savants comme Weil, Riemann,
Bodin, Mazon, Maurice Levaillant, Galletier, etc.
On semble craindre que la France à elle seule ne
présente point un public assez étendu pour couvrir
les frais d'une collection complète des classiques
anciens. Mais n'y a-t-il que la France pour acheter
les livres français et ne peut-on trouver le moyen
d'adapter ceux-ci aux besoins d'une clientèle étrangère ?

En tout cas, pouvons-nous continuer d'admettre
que l'étranger vienne jusque chez nous, dans notre
propre langue, faire une concurrence heureuse à
notre production nationale ? Car, nous l'avons déjà
vu, ce ne sont pas seulement les collections de classiques anciens, ce sont aussi nos propres classiques
et nos auteurs modernes que vient vendre sur notre
marché la librairie étrangère. Alors que les
collections anglaises se contentaient d'éditer nos
grands classiques en d'élégantes éditions à bon
marché, la *Bibliotheca romanica* visait plus loin.
Éditée en fascicules à 50 centimes, avec un texte
compact enserré dans un encadrement gothique,
cette collection allemande avait commencé la publication de textes rares, dans une évidente préoccupation de réaliser chez nous, pour notre littérature,
ce que Teubner avait réalisé pour les littératures
anciennes.

Cependant ce ne sont point les collections qui

manquent chez nous ; d'une valeur intrinsèque supérieure, éditées et présentées selon le goût de l'acheteur français, la collection des grands écrivains de
la maison Hachette qui se continue, sous la direction
de M. Lanson, selon des principes posés dès le début
par M. Ad. Régnier ; la collection Garnier, moins
documentée sans doute, mais tout aussi irréprochable
au point de vue typographique ; la *Bibliothèque elzé-
virienne*, la collection Jouaust, la collection Lemerre
peuvent soutenir victorieusement la comparaison
avec ce que l'étranger nous oppose. Parmi les tentatives d'éditions à bon marché, la série de volumes à
1 fr. 25 édités par Hachette et la collection des classiques de Garnier mettent à la portée de tous le
trésor de notre littérature nationale, comme les
« extraits » et les « pages choisies » que publient la
librairie Colin, le *Mercure de France*, etc.

Malheureusement, il nous manque un « Corpus »
des auteurs français, et nous pouvons soupçonner
que c'était vers l'exécution de ce travail que tendait chez nous la *Bibliotheca romanica* éditée en
quatre langues : français, italien, espagnol et por-
tugais. Imagine-t-on le triomphe qu'eût certifié pour
l'industrie allemande la mise au point, suivie de la
mise en vente sur notre propre marché, d'une semblable collection ? Là où la France n'avait point
réussi, là où elle n'avait même point tenté de s'aven-
turer, l'Allemagne avait abouti ! Ce que nous étions
incapables de faire pour notre propre littérature, le
« peuple élu » l'avait su faire, lui ! N'était-ce point
une preuve entre tant d'autres de notre définitive

décadence, n'était-il point temps que le privilège intellectuel passât des mains indignes de la France dans celle de l'Allemagne? On connaît la prétention et la théorie générale.

Chez nous-mêmes, il n'a point manqué d'esprits critiques pour signaler le péril, en chercher et, au besoin, en imaginer les causes, préciser des responsabilités. On a incriminé le producteur français, son manque de hardiesse et d'initiative, les défauts de notre organisation commerciale... C'est ailleurs qu'il faut chercher les raisons véritables qui, tout de suite, au point de départ de l'entreprise, paralysent notre commerce du Livre, le mettent dans un état d'infériorité manifeste. Ces raisons, elles ont été établies publiquement par les discussions du Congrès [1], et c'est dans l'examen du tarif des douanes que nous allons les trouver.

Tout en demeurant fidèle au principe de la libre circulation de la pensée imprimée, n'y a-t-il pas lieu de se demander s'il ne convient pas d'assurer d'abord la défense de la pensée française sur son propre sol? Or, qu'est-il arrivé? Ceci : que le livre français imprimé à l'étranger entre en France libre de tous droits, alors que les matières qui servent à le composer : papiers, carton, toile à relier, payent à la douane des droits d'entrée; et, comme, pour ces matières, notre industrie est tributaire de l'étranger, il s'ensuit que nos fabricants de livres se trouvent, dès le départ, en état d'infériorité vis-à-vis de ceux

---

1. Max Leclerc et J.-P. Belin, *les Industries du Livre et le Commerce extérieur de France*.

qui viennent jusque chez nous leur faire concurrence.

Comme exemple topique, on cite telle maison française qui, pour résister à une concurrence étrangère, dut faire imprimer dans le pays d'origine une collection semblable à celle dont elle voulait combattre le succès. C'était découvrir la production pour couvrir la vente, et l'on comprend le danger de pratiques semblables.

Mais, dira-t-on, si les matières premières pour lesquelles nous sommes tributaires de nos concurrents étaient fabriquées en France, l'équilibre ne se trouverait-il point rétabli du même coup? Sans doute; mais la simple volonté ne suffit pas toujours pour créer ou développer en grand telle ou telle industrie en vue de laquelle un pays se trouve mieux favorisé qu'un autre par la nature même de son sol; et la présente guerre nous a fait comprendre qu'il y a peu de peuples qui se suffisent à eux-mêmes. Est-ce à dire qu'il ne faut rien faire pour le tenter? Certes, non; et ceci nous amène à étudier dans son principe l'industrie de la librairie.

Nous avons, à l'aide d'un inventaire rapide, établi la situation commerciale; nous en avons dégagé la raison économique de la « crise du Livre ». En étudiant l'état général des moyens de production : matières premières, outillage et main-d'œuvre, nous ne tarderons point à découvrir un certain nombre de raisons nouvelles qui nous aideront à mieux comprendre encore les causes profondes de la crise et à fixer les responsabilités.

II

LES MATIÈRES PREMIÈRES ET L'OUTILLAGE

Au premier rang des matières premières employées dans l'industrie du Livre se place nécessairement le papier. En France, nous fabriquons presque toutes les sortes de papier et nos papeteries, pour la plupart d'origine ancienne, se sont transformées avec le temps selon les besoins les plus exigeants. Le matériel en est excellent. « En 1914, dit M. Crolard[1] dans son très remarquable rapport, notre industrie comportait 521 machines à papier et 101 à carton, soit 622 machines réparties entre 354 maisons et 141 cuves pour 27 maisons. »

La production était estimée alors à environ 2 000 tonnes par jour. En dépit de ce que nous importons, c'est moins, à proprement parler, pour le papier lui-même que nous sommes tributaires de l'étranger que pour les matières servant à le fabriquer ; tant que nous avons pu tirer de notre pays même les éléments nécessaires à cette fabrication, notre industrie papetière fut florissante, comme fut glorieuse notre industrie libraire. La transformation des moyens de production nous a rendus esclaves, même de nos plus redoutables concurrents.

Nous trouvons en Angleterre, en Italie, en Belgi-

1. Crolard, *la Fabrication et le Commerce du papier.*

que et en Espagne les quantités de chiffons qui nous sont nécessaires pour les papiers spéciaux ; mais ce sont les pâtes de bois qui aujourd'hui entrent pour la plus grande part dans la confection du papier : soit râpé mécaniquement, soit réduit en cellulose par les bisulfites, c'est le bois qui est devenu la base de la production.

De 1894 à 1913, dans un espace de vingt ans, le chiffre de nos importations de pâtes mécaniques s'est élevé de 928 260 à 2 594 489 quintaux, tandis que nous achetions, à la veille de la guerre, 2 054 995 quintaux de pâtes chimiques contre 307 420 en 1893. La Suède, la Norvège, le Canada et la Suisse nous fournissent les premières ; la Suède, la Russie, la Suisse nous envoient les pâtes chimiques, concurremment avec l'Allemagne et l'Autriche qui dans le total cité ci-dessus figurent pour 427 160 et 265 360 quintaux. Ces importations représentent respectivement les trois quarts et les deux tiers de notre consommation, les papiers en pâtes mécanique et chimique demeurant plus spécialement utilisés pour le journal.

Qu'il soit possible de développer chez nous l'industrie des celluloses, personne n'en doute ; c'est une question que nous étudierons plus tard en examinant les résolutions prises par le Congrès. Dans l'état actuel de nos ressources, étant donné les prix du charbon et des produits chimiques nécessaires pour le traitement des bois, il n'y a guère lieu de s'étonner d'une situation qui ne pouvait être modifiée qu'à la suite d'un bouleversement du genre de la présente guerre. Pourtant, il faut bien l'avouer, ce ne sont pas les ressources naturelles qui nous manquent : le sapin, le peuplier qui sont les bois les plus favorables à la fabrication des pâtes mécanique et chimique poussent sur notre sol, nos pins des Landes ont été longtemps exploités pour la fabrication des celluloses mécaniques et, dans la Somme par exemple, les peupliers fournissent déjà de la pâte mécanique pour le journal.

Il n'est pas jusqu'à nos colonies où n'abondent les fibres de toute nature susceptibles de fournir d'excellentes pâtes à papier. M. Crolard en a cité un certain nombre dans son rapport, étudiant à ce point de vue spécial les brousses du Tonkin, de la Cochinchine, de la Guyane et de l'Afrique Orientale. Il convient cependant de faire une place à part à ce qu'on avait appelé par avance la « Question de l'alfa », question intéressante qui fut étudiée par le Congrès avec une attention presque passionnée. Il faut dire qu'on y avait en quelque sorte symbolisé par avance l'ensemble de toutes les critiques que des polémiques souvent sans impartialité semblent prendre plaisir à répéter périodiquement au détriment de notre situation industrielle et commerciale ; reconnaissons pourtant, à l'examen de la complexité des faits, qu'il n'est point aisé de faire la juste part des responsabilités : on a vite fait en France de crier à l'incurie ; l'étude des choses ne permet pas toujours de trouver aux abus un remède immédiatement, voire pratiquement applicable.

L'alfa est une fibre végétale plurannuelle qui

croît en abondance dans l'Afrique du Nord sur une
large bande de terrain qui va de Mogador à Kai-
rouan et se poursuit jusque vers Tripoli, traversant
ainsi, dans la plus grande partie de son étendue,
le Maroc et nos trois départements algériens d'Oran,
d'Alger et de Constantine ainsi que notre protectorat
tunisien. C'est donc un produit français. Il croît
en une touffe d'où les tiges soigneusement tirées
sont récoltées pour être utilisées dans la fabrication d'une excellente cellulose à papier que le rapporteur caractérise de la manière suivante [1] :

« Le caractère le plus remarquable de cette fibre
est sa finesse qui, très heureusement proportionnée
avec sa longueur, permet un feutrage excellent, de
sorte que le papier est relativement solide quoique
composé d'éléments très courts. De plus, la fibre
déliée mais nerveuse forme ressort et le papier reçoit
avec souplesse la pression du caractère d'imprimerie, en même temps que, par ses pores multiples, il
garde éminemment les encres grasses avec toute
l'intensité de nuances. »

Si nous examinons le tableau des exportations de
l'alfa d'Algérie en tous pays, nous voyons, par
exemple, les chiffres suivants pour 1910 :

	Quintaux métriques.
Angleterre	852 056
Espagne	22 157
Belgique	17 236
Autriche-Hongrie	11 326
Portugal	7 540
France	7 041

1. Crolard, *la Fabrication et le Commerce du papier*.

Ce produit français si éminemment favorable à la fabrication du papier, c'est la France qui l'utilise le moins, tout au moins à l'état brut ; car elle l'importe chez elle d'Angleterre sous forme de papier pour divers usages (papier à musique, papier de chèques, papier de luxe, etc.). C'est, en somme, presque tout le papier que nous faisons venir d'Angleterre et, en 1913, il en est entré chez nous plus de 68 000 tonnes.

On s'est, à juste titre, étonné de cette anomalie : produit français d'origine, l'alfa est à peine employé dans la fabrication de nos papiers et, lorsqu'on l'emploie, c'est à l'état de pâte préparée dans un pays qui l'importe de nos colonies pour nous le revendre à des prix trop élevés pour que l'emploi en puisse se généraliser chez nous. Les pâtes chimiques de bois coûtent de 32 à 35 francs, la pâte d'alfa blanchie se vend 42 à 45 francs.

Telle est la « Question de l'alfa ». On voit qu'elle ne manque pas d'être intéressante et digne d'examen. Sans entrer dans les considérations purement techniques que font valoir les spécialistes, il ressort des explications données par eux que, si le prix de revient de la pâte d'alfa est trop élevé en France, cela tient aux raisons suivantes.

D'abord la situation privilégiée des acheteurs anglais qui se sont assuré par des marchés conclus de longue date une fourniture importante et directement livrée aux nombreux bateaux qui, rentrant à vide en Angleterre, font bénéficier les concessionnaires d'alfa de prix de frets extrêmement avanta-

geux. A la vérité, dans l'exposé de cette double
raison il convient de faire remarquer que les concessionnaires anglais ne détiennent que le cinquième
des 467 785 hectares de terrains domaniaux concédés
à l'exploitation de l'alfa ; un quart à peine est
exploité par les Espagnols et la moitié environ des
concessions est louée à des Français ; cependant
c'est en Angleterre que l'industrie de l'alfa est pour
ainsi dire monopolisée et c'est là que les récoltes
sont presque intégralement expédiées, généralement
par la voie la plus directe et, comme nous l'avons
dit, la moins coûteuse. C'est là également que le
charbon et la soude, indispensables au traitement
chimique des alfas, se trouvent à des prix de revient
très sensiblement plus avantageux que chez nous et
l'on comprendra, sur le simple énoncé de ces raisons, que la solution du problème se trouve, là
encore, reculée sur un champ voisin ; ainsi les responsabilités se déplacent, et nous avions raison de
dire, en abordant l'étude de ces questions, qu'il n'y
avait point seulement une crise du Livre, mais une
crise française dont les causes sont nombreuses et
connexes.

A ces raisons primordiales, on en ajoute un certain nombre, tout à fait secondaires, pour expliquer
la faible utilisation chez nous d'un produit né sur
notre sol, et l'on nous donne à entendre que la
teinte un peu jaunâtre du papier d'alfa n'est pas en
faveur aux yeux du public français habitué aux
teintes azurées. A cela, il est aisé de répondre que
le public qui, sous l'excuse de la mode, est habitué

à prendre ce qu'on lui donne, s'engouera facilement de tout ce qu'on lui présentera comme nouveauté. Le tout est de savoir le prendre et de découvrir le moyen de persuasion : les Chinois ont bien réussi à faire admirer sous le nom de « tressaillures » les craquelures de la porcelaine dont l'émail éclate au feu. Le papier jaune sera déclaré ambré ; puisse-t-il nous délivrer des papiers azurés ou blancs qui se piquent ou se tavèlent et dont le feu lui-même semble ne plus vouloir !

Résumons-nous : l'industrie libraire en France est tributaire de l'étranger pour les papiers parce que l'industrie papetière est contrainte de tirer de l'étranger ses matières premières ; une plante de nos colonies qui devrait être pour cette industrie une source de profits devient inutilisable, parce que notre sol ne suffit point à nos besoins en charbon, et parce que notre industrie chimique n'a point une production suffisante pour lui permettre la construction de fours à régénérer la soude. Nous verrons plus tard les remèdes que le Congrès a trouvés à cette situation ; nous pouvons dès maintenant constater que la crise du Livre nous a menés plus loin qu'à une simple question d'organisation commerciale.

Si de l'industrie du papier nous passons à celle de la reliure, nous y retrouverons la pesanteur du même servage économique dans les droits qui viennent alourdir à l'entrée en France le prix des matières servant à la fabrication des cartons, tandis que les percalines gaufrées qui nous viennent d'Angleterre

payent un droit de douane de 140 francs par 100 kilos[1].
Sur cet article 10 p. 100 seulement de la consommation totale sont fabriqués en France, dans des conditions inférieures, à cause de l'apprêt dont nos chimistes ne sont point encore parvenus à égaler la
formule. Quant au cuivre en feuilles, c'est l'Allemagne qui nous l'envoie, exclusivement.

Il en est de même pour les gélatines employées
par la photocollographie, dont 80 p. 100 sont allemandes, 10 p. 100 anglaises, 5 p. 100 suisses[2]. Quelques timides essais tentés en France n'ont pas donné
de suites sérieuses pour l'émancipation économique
d'un procédé d'origine française.

Seule à peu près, notre industrie des encres a pu
résister à l'envahissement de la chimie allemande
dont on connaît l'énorme développement industriel ;
si elle a dû s'alimenter en Allemagne pour certaines
matières premières, au moins cela n'a-t-il pas été aux
dépens de son succès tant sur le terrain national que
sur celui de l'exportation[3].

Et, si des matières premières nous passons à
l'outillage, là encore nous trouverons la trace de
cet esclavage économique, qui, dans un trop grand
nombre de cas, contraint nos industriels à recourir
à la fabrication étrangère.

« Est-ce de gaieté de cœur, demande le rapporteur
des maîtres imprimeurs[4], par prodigalité ou par

1. H. Magnier, *la Reliure et le Cartonnage.*
2. A. Longuet, *la Photocollographie.*
3. Rapport présenté par le Syndicat patronal des imprimeurs typographes.
4. *Ibid.*

snobisme, que les imprimeurs font venir des machines de l'étranger, malgré des frais de transport et des droits de douane considérables ? »

Évidemment ce n'est pour aucune de ces raisons. Et cependant nos constructeurs français résistent de leur mieux. Ils ont, sur certains points, renoncé à la lutte, et c'est ainsi que nos papeteries reçoivent de Belgique, d'Angleterre et d'Allemagne leurs machines à fabriquer et les machines à coucher, ingénieuse invention française que la concurrence d'Outre-Rhin est parvenue à industrialiser ; c'est encore d'Allemagne, d'Angleterre et de Suisse que viennent chez nos relieurs toutes les machines à coudre, à piquer, à coller, à plier. Les imprimeurs ont mieux résisté ; toutefois, sans entrer ici dans le détail de toutes les catégories de machines, nous sommes obligés de constater [1] que, pour les machines en blanc à grande vitesse, nous sommes demeurés tributaires des Allemands, des Anglais et des Américains.

La question posée plus haut par le maître imprimeur est grosse de tristesse, comme elle est grosse de gravité. La réponse nous a été donnée par un constructeur qui place le problème à l'extrême limite du champ écononomique où nous portons nos investigations.

— Que voulez-vous ? répond cet industriel, nous n'y pouvons rien. Regardez nos machines, comparez-les. Je défie le plus exigeant des clients de

---

1. *L'Industrie du Livre*, rapport présenté par la Société fraternelle des Protes des imprimeries typographiques de Paris.

prouver qu'elles sont inférieures en qualité, en rendement, en durée à celles qui viennent d'Amérique
ou d'Allemagne. Malheureusement, nous sommes
obligés de les vendre trop cher, parce que nous n'en
vendons pas assez. Nos concurrents, eux, fabriquent
en séries, écoulent en grand, peuvent faire sur
chaque pièce un bénéfice moindre dont la quantité
vendue multiplie le chiffre. Tout est là. Et puis
l'Allemagne a le fer, elle a le charbon...

Aussi bien, pour peu qu'on le pousse, l'industriel
français vous fera valoir la campagne acharnée
incessamment menée par l'Allemagne pour supprimer la concurrence française en perpétrant sa ruine.
Il vous citera le nom de cette firme française de
machines doubles qui, à la suite de la disparition
de son chef, a été achetée par une firme allemande
héritant ainsi des douze cents clients chez lesquels
se trouvent en service les machines de la marque
aujourd'hui disparue, et que la société nouvelle
a peut-être dédaigné d'exploiter, se contentant de
l'avoir supprimée. Et l'on vous parlera du *dumping*,
du mot d'ordre allemand des affaires faites à tout
prix, dans l'unique but de détruire la concurrence...

Sous ce rapport, toutefois, le Congrès a dû se
borner à des vœux tout platoniques, car aucun
spécialiste n'est venu lui exposer des raisons pré-
cises; et seuls, ceux qui achètent et utilisent les
machines sont venus exprimer leurs doléances et
leurs vœux.

Remarquons d'ailleurs qu'à ceux-ci l'argument
du bon marché n'a point toujours semblé péremp-

toire. Il ne manque pas de critiques[1] pour faire ressortir la nécessité où, afin d'obtenir plus de précision dans l'outillage, une plus grande rapidité dans le rendement et un usage plus robuste, les imprimeurs français se sont vus dans la nécessité d'avoir recours à l'industrie étrangère. Certains prétendent que nos constructeurs, se contentant des commandes de l'intérieur auxquelles ils arrivent à peine à suffire, n'ont point eu souci de renouveler un matériel de production peu perfectionné. A cette industrie retardataire, les ouvriers du Livre indiquent le genre de matériel étranger qu'il serait désirable de voir fabriquer chez nous : plieuses, piqueuses au fil de fer et au fil de lin, presses à platine, châssis, margeur automatique, etc.

Puisse le grand mouvement de construction né de la guerre assurer la réalisation de ces vœux ; puisse notre industrie métallurgique et mécanique, après avoir contribué pour sa part au salut de la patrie, aider, dans un avenir prochain, à la renaissance sur notre sol d'une industrie présentement génératrice de toute production humaine.

1. *L'Industrie du Livre*, rapport présenté par la Société fraternelle des Protes des imprimeries typographiques de Paris.

LA MAIN-D'ŒUVRE
ET L'ÉDUCATION PROFESSIONNELLE

Il semble d'ailleurs que ce n'est pas seulement dans le perfectionnement, mais que c'est aussi dans l'extension du machinisme que la société moderne soit tentée de voir l'avenir de l'industrie. Cette conception a déterminé dans le monde ouvrier des espoirs de vie facile et légère où la main-d'œuvre bornerait son effort à la surveillance d'un jeu de bielles, au maniement de quelques manettes. Il convient pourtant de ne point aller trop vite; pour ce qui est de l'industrie typographique, l'initiative de la main-d'œuvre y semble destinée à durer davantage que dans beaucoup d'autres corps de métiers : un certain nombre de machines calibrées débiteront aisément à la grosse des armoires avec leurs moulures, mais une belle page d'impression demeurera longtemps encore tributaire de l'intelligence et du goût des artisans chargés de la produire. C'est le sentiment des amateurs et, disons-le, c'est toujours la secrète conviction et le légitime orgueil des ouvriers du Livre qui ont conscience du prix de leur collaboration.

La machine à composer (linotypie) est venue dans les derniers temps apporter une amélioration considérable dans l'imprimerie, puisqu'elle simplifie et tend à supprimer la composition qui est, à proprement parler, le cauchemar de l'imprimeur. Travail quotidien et méticuleux, frais relativement considérables, de quelles malédictions n'a-t-on pas chargé cet esclavage, surtout si l'imprimeur à la malchance (il est vrai que, dans l'avenir, cela devient un titre de gloire, voire d'immortalité) de tomber sur un Balzac acharné sur l'épreuve et dont la pensée ne prend corps que dans le grouillement des caractères de fonte.

Si l'usage de cette nouvelle imprimeuse tendait à se généraliser, la méthode de travail du créateur de *la Comédie humaine* deviendrait impossible sans occasionner des dépenses hors de proportion ; mais nous n'en sommes point là, s'il faut écouter l'avis des gens autorisés[1]. Excellente pour le journal par son rendement considérable, suffisante dans les labeurs courants de la fabrication du livre, la machine à composer, de par la faible fusion de la fonte de ses caractères, le peu de profondeur des matrices, n'est pas encore propre à l'établissement de travaux minutieux ou de luxe. D'ailleurs, elle ne supprime point la main-d'œuvre, elle en exigera plutôt une rénovation de ses qualités professionnelles et, ceux qui en parlent par expérience ont judicieusement compris que[2] « si on pouvait exécuter mécaniquement le gros travail de composition des textes, l'art de la composition des textes, l'art de la présentation de

---

1. Boivin, *la Technique du livre illustré moderne.*
2. F. Rivet, *les Conditions actuelles de la technique du Livre et les Améliorations à y apporter.*

l'ensemble exigeait de l'ouvrier beaucoup plus de goût et de connaissance des styles. »

La main-d'œuvre demeure donc souveraine dans l'art du Livre. Cette émotion qui saisit l'amateur au premier aspect d'un volume et qui détermine l'attention, c'est à l'intelligence complexe des petits détails et de l'ensemble typographique qu'on la doit. L'accord doit donc être parfait entre l'intelligence qui conçoit et celle qui entreprend l'exécution matérielle d'un livre.

Il y eut une époque où ceux qui imprimaient étaient aussi ceux qui vendaient. Contrairement à ce que pourrait souvent croire le public, cette situation constitue aujourd'hui une très rare exception et les maîtres imprimeurs, en présence des critiques un peu hâtives et un peu vives qu'il est presque de mode, depuis quelque temps, d'élever à l'adresse des industries du livre, s'empressent de faire valoir comme une explication à certaines lacunes la dualité nettement établie entre le métier d'Editeur et celui d'Imprimeur[1]. Ils y voient, pour la direction générale du travail, l'origine d'un défaut d'ensemble qui ne peut être que préjudiciable à la bonne exécution générale, sans compter la raison d'un préjudice d'ordre matériel qui trouve un retentissement fâcheux dans l'équilibre des charges d'une grande industrie. De plus, l'éditeur, en rompant le contact direct du public avec l'imprimeur, a privé celui-ci d'une expérimentation précieuse qui lui

1. Rapport présenté par le Syndicat patronal des Imprimeurs typographes.

révélait journellement les exigences de celui-là.

Pour toutes ces raisons et pour d'autres, les imprimeurs reconnaissent que[1] « les travaux d'édition courante à bon marché et à gros tirage sont le plus souvent d'une présentation et d'une exécution meilleure à l'étranger que chez nous ». Nous connaissons les raisons d'ordre mécanique et économique qui suscitent à l'édition française les entraves où s'embarrasse son libre essor ; nous allons maintenant chercher, au point de vue professionnel, la part qui, dans cet état de gêne, peut provenir du fait de la main-d'œuvre proprement dite.

« *Il n'y a plus de bons ouvriers.* » Tel est le cri d'alarme que jetait déjà, en 1882, un des maîtres de la typographie, M. Motteroz[2]. Il faut dire que le consciencieux rapporteur qui débute par cette citation se hâte, avec juste raison, d'en déclarer la forme excessive, outrée en vue d'étendre la portée du cri d'alarme qu'elle voulait être. Aujourd'hui même, les bons ouvriers ne manquent pas en France et, à l'étranger, la main-d'œuvre française n'a point encore cessé, heureusement, d'être appréciée à sa juste valeur.

Mais, il ne faut pas s'y tromper ; pour maintenir dans leur intégrale pureté les traditions glorieuses du noble art de l'impression, une longue et patiente préparation est proclamée comme nécessaire par les professionnels expérimentés, et, au cri d'alarme jeté en 1882 par l'imprimeur Motteroz, tous les corps

1. Rapport présenté par le Syndicat patronal des Imprimeurs typographes.
2. Aug. Keufer, *l'Apprentissage dans l'industrie du Livre.*

d'état spécialistes de l'art du Livre sont unanimes à joindre leurs protestations.

— La crise de l'apprentissage, question de vie ou de mort pour toute l'industrie française [1], disent les imprimeurs typographes.

— Nous devons constater, disent les imprimeurs phototypeurs [2], qu'avant la déclaration de guerre, nombreux étaient dans nos ateliers les ouvriers allemands ou autrichiens que nous étions contraints d'employer, *ne trouvant pas de main-d'œuvre française.*

— Que l'on organise l'enseignement postscolaire et l'enseignement professionnel, également obligatoires [3], demandent les techniciens du livre illustré.

Les ouvriers eux-mêmes reconnaissent le mal. Ils estiment [4] qu' « une réglementation serrée des contrats d'apprentissage doit permettre de créer une pléiade d'ouvriers amoureux de la beauté de leur profession et débarrasser l'imprimerie des mauvais éléments qui s'y glissent trop souvent ».

Dans le rapport qu'il a rédigé pour le Congrès, c'est M. Auguste Keufer, secrétaire général de la Fédération française des Travailleurs du Livre, qui se fait l'interprète de l'inquiétude générale et qui attire « l'attention de tous, patrons et ouvriers, sur la nécessité de veiller avec plus de soin à l'apprentissage et à l'éducation de la génération nouvelle ».

1. Rapport présenté au nom de la corporation par le Syndicat patronal des Imprimeurs typographes.
2. Longuet, *la Photocollographie.*
3. Boivin, *la Technique du livre illustré.*
4. L. Rivet, *les Conditions actuelles de la technique du Livre.*

Il faut y insister : nous vivons un instant unique dans l'histoire de notre patrie. Jamais peut-être semblable effort de réflexion n'aura été pour notre race à la fois plus urgent et plus susceptible de bénéfices. Notre fortune nationale est subordonnée à cet examen de conscience où nous sommes tenus de faire succéder à l'inventaire de nos fautes la résolution des amendements indispensables. Ce n'est pas en vain que, depuis trois années, on a fait appel à l'esprit de concorde : c'est dans cet esprit qu'il est indispensable à l'heure actuelle, pour les employés comme pour les employeurs, d'étudier de concert les divers problèmes dont la solution leur est indispensable.

Au premier rang, tous sont d'accord pour placer la question de l'apprentissage.

L'abolition des jurandes et des maîtrises qui, dans l'ancienne société française, assuraient le recrutement et l'encadrement de l'armée du travail, la substitution à cette rigide organisation d'une liberté absolue, comportant pour chacun le droit d'exercer tel ou tel métier à ses risques et périls, ne paraît point, à la réflexion, avoir favorisé les intérêts véritables de la main-d'œuvre. La liberté pour chacun d'exercer un métier qu'il ignore, en desservant l'ensemble social, n'avantage guère celui qui en profite et qui se trouve finalement condamné à traîner une vie de hasard dont il ne profite guère, dont les autres pâtissent.

En étudiant et en réglementant à différentes reprises la question de l'apprentissage, la loi s'est

efforcée de remédier aux inconvénients d'une situation dont il faudra bien que, tôt ou tard, l'initiative
ouvrière et patronale finisse par s'occuper. La loi
du 22 février 1851 a déterminé les conditions d'un
contrat d'apprentissage où sont fixées les obligations réciproques de l'apprenti, de sa famille et du
patron. Déposé au conseil des prud'hommes ou à
la mairie, ce contrat devient légal et son application
rigoureuse. Mais, en fait, qu'est-il arrivé? Les obligations ont apparu trop lourdes, trop longues au patron
tout comme aux familles; l'un s'est lassé d'éduquer, les
autres ont trouvé que l'enfant restait trop longtemps
sans réel salaire : au contrat écrit le contrat verbal
n'a pas tardé à se substituer, sans grand danger de
réclamations de la part de la partie lésée; puis, une
occasion se présentant pour l'apprenti de gagner,
dans les besognes secondaires d'un atelier, un peu
d'argent pour alléger les charges de la famille, l'apprenti est devenu manœuvre là où il eût dû rester
élève; quelque temps après, il a trouvé une meilleure
rétribution pour un travail de manœuvre dans une
autre profession; il quitte son atelier pour un autre,
devient peu à peu une manière de « bricoleur » de
tous les corps d'état qu'il observe à la hâte, pratique
au hasard l'un après l'autre, jusqu'au jour où une
fortune inespérée, quelque héritage lui permet, à
lui qui ne sait pas travailler, de faire travailler les
autres.

Il s'établit, commande. Il ajoute une mauvaise
imprimerie à la quantité grandissante de ces petites
maisons mal outillées, mal dirigées, qui acceptent

des travaux à vil prix en ravalant la main-d'œuvre jusqu'à la malfaçon.

Car, par une conséquence logique, après avoir supprimé toute référence de savoir professionnel pour les ouvriers, il a bien fallu supprimer le brevet de l'imprimeur. C'est ainsi qu'aux doléances des patrons répond aujourd'hui l'écho des plaintes ouvrières. « Autrefois, disent-ils[1], l'imprimeur, véritable fils de ses œuvres, était l'homme le plus capable de sa maison. » Le rapporteur à qui nous empruntons cette exclamation de regret ne s'y laisse aller qu'en déplorant que le capital soit suffisant pour monter comme une simple *affaire*, une *entreprise*, ce qu'il considère, dans son intelligent respect du métier, comme une manière de sacerdoce exigeant une initiation ; ce n'est pas trahir sa pensée que de l'associer à l'évocation du mauvais ouvrier devenu patron médiocre. Nous voulons simplement établir que tout se tient et que les intérêts sont communs. Le même rapporteur souhaite que les patrons en arrivent généralement à considérer leurs employés comme des collaborateurs ; il désire que des délégués-ouvriers s'associent à la direction patronale tout en maintenant chez leurs camarades cette discipline, ce respect de la parole donnée dont le spectacle des événements mêmes de la présente guerre nous fait tous les jours mieux comprendre l'indispensable nécessité. Cet idéal, le Congrès du Livre ne l'a-t-il pas momentanément réalisé ? N'avons-nous

1. Rivet, *les Conditions actuelles de la technique du livre et les améliorations à y apporter.*

pas été unanimes dans l'ensemble des professions qui relèvent du Livre : ouvriers, patrons, industriels, négociants, écrivains, pour déplorer nos fautes et nos erreurs afin d'y trouver un remède?

Puisse notre franchise porter ses fruits en suggérant à ceux dont les responsabilités sont comme les termes de ce grave problème du recrutement industriel français, la conscience de leur devoir futur. En choisissant pour l'enfant la profession où l'apprentissage assure une forte rémunération, les parents ne se rendent pas compte du travail qu'exigera forcément, à titre de compensation, un patron obligé de récupérer ce salaire; ils ne comprennent pas que le travail, forcément facile, ne s'effectuera qu'aux dépens du perfectionnement professionnel de l'apprenti. Apprendre et gagner, cela semble incompatible. « Mais, dira le père, ne faut-il pas que mon enfant m'aide à faire vivre la famille? » Dès lors la question, d'économique devient sociale, et les vides laissés par la cruelle guerre que soutient depuis bientôt quatre ans la nation française ne peuvent que la compliquer encore.

A la supposer résolue, songeons encore aux responsabilités de l'ouvrier qui se trouve désigné comme éducateur de l'apprenti. Quelle influence, funeste ou bienfaisante, peut être la sienne, selon qu'il se rend compte ou non des graves devoirs qui lui incombent; ne se dira-t-il point parfois qu'en cet enfant il se prépare un rival pour demain? Et puis, son intérêt commande; enseigner, c'est perdre son temps, à moins que le patron, soucieux de la for-

mation de la jeune main, n'en tienne compte à la
main expérimentée par un traitement spécial.

Par surcroît, un coup décisif a été porté à l'apprentissage par le vote d'une loi dont les intentions
bienveillantes ont achevé, par un contre-coup funeste,
d'accélérer le tarissement de notre main-d'œuvre
nationale : nous voulons parler de la loi du 30 mars
1900 qui limite à dix heures la durée du travail dans
les usines et ateliers, pour les enfants âgés de moins
de dix-huit ans, en spécifiant que, là où les femmes
et les enfants au-dessous de cet âge travaillent avec
des ouvriers, ceux-ci ne peuvent prolonger le travail au delà de dix heures. Un certain nombre de
patrons, pour bénéficier des douze heures de travail
que la loi de 1848 autorise pour les ouvriers, ont
cessé de prendre des apprentis dans leurs ateliers;
si une telle façon de procéder se généralisait, ce
serait purement et simplement la fin de la main-
d'œuvre française.

Aussi le rapporteur[1] s'étonne-t-il de l'opposition
que rencontre dans le milieu patronal une loi qui
n'a en vue que l'hygiène indispensable non pas seulement au bien-être des ouvriers, mais à leur santé
physique, base naturelle de l'équilibre moral; il fait
valoir que cette loi fonctionne sans à-coups dans des
pays voisins, où l'industrie est arrivée à un point de
prospérité que nous rêvons encore d'atteindre.

Il nous reste à signaler une dernière lacune dans
le système d'éducation de la main-d'œuvre française

1. Aug. Keufer, *l'Apprentissage dans l'industrie du Livre.*

en constatant l'insuffisance chez nous de l'enseignement postscolaire et professionnel. Réservant dans
cette question ce qui a trait à des écoles spéciales,
comme l'École Estienne, écoles dont l'enseignement
excellent s'adresse à des jeunes gens en quelque
sorte privilégiés et choisis, disons d'une manière
générale que c'est de l'entraînement au travail de
toute l'industrie qu'il s'agit. Et cela commence de
bonne heure, dès l'école primaire même, par l'éveil
de l'esprit de l'enfant auquel il faudrait commu-
niquer, à l'aide d'un intelligent préapprentissage, la
curiosité du métier qui sera le sien. Puis, dès qu'il
entre à l'usine ou dans l'atelier, convient-il de
limiter cette curiosité au travail courant, et ne sent-
on pas la nécessité pour ce jeune cerveau de parfaire,
à l'aide de cours spéciaux, d'études complémen-
taires, le bagage scientifique et théoriquement professionnel qu'il a emmagasiné sur le banc de l'école?
Mieux encore : pourquoi limiter à l'enfance, à la jeunesse, le besoin de savoir, et qui donc ignore la part
immense qui revient, dans l'extraordinaire prospérité de l'industrie allemande, à l'ouvrier studieux,
constamment tenu au courant, par des études et par
des livres, des incessants perfectionnements sur-
venus journellement dans la pratique de sa profession? Là, l'initiative patronale a su créer les bibliothèques d'usine toujours mises à hauteur des nou-
veautés; on nous a dépeint ces chariots roulant sur
des rails qui traversent les ateliers, transportent les
livres mis à la disposition du personnel dont l'éducation n'est jamais terminée, et que tient ainsi en

haleine une direction prévoyante, qui sait devoir y trouver son compte ; on nous a dit que, dans les usines allemandes, un des grands emplois est tenu par un ingénieur bibliographe chargé de découvrir, de lire et de signaler parmi tous les ouvrages publiés ceux qui sont de nature à intéresser le personnel.

Si nous faisions de même chez nous, ils est probable que nous n'entendrions pas la mélancolique confidence des éditeurs d'ouvrages spéciaux pour l'industrie, qui viennent déclarer que [1] « le nombre de clients est relativement restreint », et que beaucoup d'entre eux « sont rebelles à toute acquisition, estimant à tort ou à raison que leur expérience personnelle est assez complète pour n'avoir rien à apprendre des autres [2] ». Les ouvrages de cette sorte on les emprunte ou bien on les consulte dans une bibliothèque ; et, à l'appui de cette suggestion, le rapporteur cite l'exemple, à lui signalé par le bibliothécaire de la Faculté des sciences d'une grande ville, de cet industriel, sorti d'une de nos écoles techniques, qui avait fait trois fois le voyage de son usine à cette bibliothèque pour y consulter un ouvrage souvent retenu par d'autres, alors qu'avec 40 francs il eût acquis l'exemplaire qui lui serait demeuré.

Faut-il généraliser ? Évidemment, un simple fait n'en donne pas le droit ; mais quiconque a observé chez nous et réfléchi depuis quelque trente ans,

1. Paul Pinat, *la Librairie industrielle.*
2. *Ibid.*

demeure obsédé par des conclusions d'ensemble
dont l'évidence a fini par s'imposer à bien des esprits
dénués de pessimisme et capables de clairvoyance.
A quelles causes tient-il que ces qualités jadis si
essentiellement françaises : amour du métier choisi,
orgueil d'une besogne consciencieusement accomplie, désir constant de mieux faire, aient peu à peu
fait place à cette indolence, à cette lassitude, voire,
chez les pires, à cette espèce de haine pour la noble
servitude du travail? On a suggéré bien des explications qu'il serait hors de place de discuter ici où
nous devons nous borner à l'exposé des faits. En face
de nous le haineux concurrent ricane, invoque pour
toute explication la dégénérescence, l'appauvrisse-
ment de la race vouée à quelque prochaine submer-
sion étrangère. Nos travailleurs de tout état et de
tout rang viennent de prouver, les armes à la main,
que l'heure de cette catastrophe n'était pas encore
venue. Ne se mettront-ils pas en position d'utiliser la
paix future comme la guerre présente?

Ne copions pas, soit. On n'impose point, du jour
au lendemain, à un peuple vif et raisonneur comme
le nôtre la discipline appliquée et mécanique qu'il a
si vite fait de tourner en ridicule, mais dont son bon
sens, secrètement, doit comprendre la fructueuse
beauté dès que son acceptation devient le fait d'un
raisonnement. Que chacun, patron ou bien ouvrier,
prouve, selon l'expression d'un rapporteur du Congrès [1], « un sens plus exact des nécessités et des

---

1. Rivet, *les Conditions actuelles de la technique du Livre.*

connaissances professionnelles de son industrie » ;
que chacun fasse son profit des sévères observations
apportées dans une enquête commune par ceux qui
sont bien placés pour savoir. On fera toujours mal
ce qu'on n'aura pas eu la patience d'apprendre com-
plètement ; et, d'autre part, on ne connaîtra jamais
sans une étude incessante les règles d'une technique
qui se modifie tous les jours. C'est une des plus
nobles paroles prononcées au Congrès que cette
réponse de M. Welschinger, membre de l'Institut,
à qui l'on rappelait le temps où il était étudiant :

— Mais, dit-il simplement, je le suis toujours.

IV

LES MÉTHODES COMMERCIALES

Nous connaissons maintenant l'ensemble de la situation technique de l'industrie du Livre et nous sommes forcés de conclure que cette situation justifie en grande partie les inquiétudes dont témoignent les polémiques engagées depuis quelques années autour de la question. Les causes du malaise dont souffre cette industrie, nous les avons dégagées ; nous comprenons maintenant la complexité de leur nature de même que l'impossibilité de fixer justement les responsabilités qui s'enchevêtrent et retentissent d'un bout à l'autre du problème au point de finir par forcer la conclusion à une sorte d'irresponsabilité générale. A proprement parler, c'est le nœud gordien qu'il faudra trancher résolument ou, pour mieux dire, c'est la méthode qui est mauvaise et qu'il faut remplacer, à la manière cartésienne, en commençant par faire table rase.

Il n'est donc point surprenant que, dans les conditions de production où se trouve l'industrie du Livre, le commerce de la Librairie se soit trouvé gêné pour soutenir victorieusement la concurrence formidable du Livre étranger ; et, par Livre étranger, il demeure entendu que nous voulons dire le Livre allemand parce que, au point de vue économique comme à tout autre, l'Allemagne demeure notre plus redoutable rivale, une rivale qui ne conçoit la lutte que sous les formes de la haine et n'admet le succès qu'autant qu'il affectera le caractère de l'écrasement. C'est en parallèle avec les procédés allemands que la polémique dont nous parlons a toujours évalué les méthodes françaises, et les raisons de ce critérium sont admises d'un commun accord à la base de toute discussion. Le rapporteur le mieux placé pour le savoir en fait l'aveu quand il dit[1] : « Ne nous le dissimulons pas, en effet, le Livre français n'a pas, sur les marchés de l'étranger, une place équivalente à celle qu'occupe le Livre allemand. »

Lorsque, au début de cette étude, nous avons reproduit les chiffres empruntés par MM. Max Leclerc et J.-P. Belin au *Tableau général du Commerce de la France*, en regard des exportations de livres français à l'étranger, nous n'avons fait figurer que le chiffre des importations en *France* de la librairie étrangère; il eût fallu, pour que la comparaison fût complète, citer le chiffre des exportations de livres étrangers dans le monde. Pour ne parler que de celui des livres allemands, disons simplement qu'il est considérablement plus élevé que le nôtre et bornons-nous à la reconnaissance pure et simple d'une supériorité que personne ne conteste. Certains y trouvent, assez judicieusement semble-t-il, l'explication de l'audace grandissante de la librairie germanique à pousser jusque sur notre propre fonds l'entreprise de sa concurrence.

1. Ed. Fouret, *les Efforts tentés de divers côtés en France pour développer la vente du livre à l'étranger*.

« Aucune librairie nationale, dit M. Henri Clouard[1], ne peut prospérer ni même se maintenir avec honneur, si elle ne trouve à s'appuyer sur une clientèle mondiale. Jamais l'Allemagne n'aurait pu seulement couvrir les frais de ses grosses collections si elle n'avait eu que ses clients nationaux : elle a ceux de l'Europe et du monde. »

En dehors de ses puissants moyens de production, la librairie allemande est, on le sait, admirablement servie par une organisation commerciale dont l'ensemble s'exprime sous un seul nom, celui de la ville où, depuis cent cinquante années et après une lutte trois fois séculaire avec Francfort-sur-le-Mein, s'est pour ainsi dire centralisée en Allemagne l'industrie du Livre : Leipzig.

Ce n'est donc point en peu de temps, mais à la suite d'une longue expérience que cette organisation célèbre a été effectuée; par tâtonnements, grâce à l'association professionnelle qui entraîne la quasi-suppression d'une foule de frais en facilitant la simplification du travail compliqué de la réception des commandes et de leur expédition, grâce à la puissance bancaire qui en devient forcément la conclusion et détermine l'extension sans cesse grandissante du chiffre des affaires, le marché de Leipzig, à la veille de la guerre, était parvenu graduellement et, dans les trente dernières années surtout, à cet état de prospérité qui s'exprime orgueilleusement à Leipzig dans les bâtiments de la Maison des Libraires

1. H. Clouard, *les Modes de vente et de publicité.*

et que consacre le succès du *Journal officiel de la Bourse de la Librairie allemande* (Boërsenblatt) hebdomadaire à sa fondation en 1835 et paraissant tous les jours depuis plus d'une cinquantaine d'années.

C'est à près d'un siècle que remonte la fondation de la Bourse de la Librairie allemande (*Boërsenverein*). En 1825, elle associait une centaine de membres; elle en compte aujourd'hui plus de trois mille six cents. Son activité, limitée d'abord aux règlements de comptes de la Foire de Leipzig, finit progressivement par prendre le caractère d'un organisme centralisateur de toutes les questions intéressant l'industrie du Livre, au point que son nom prononcé dans le monde suscite immédiatement l'image de ce merveilleux instrument de propagande qu'est devenu le Livre allemand. Nous savons comment il est conçu : essentiellement, uniquement à la gloire et pour le profit de la patrie allemande. Il s'agit pour l'écrivain allemand de prouver, s'il est possible, et, au besoin par prétérition, de donner à entendre que dans l'art, dans les sciences, littérairement et philosophiquement, en tout et toujours, l'Allemagne occupe le premier rang, demeure au-dessus de tout. Rabaisser ses rivaux chaque fois qu'on le peut, ignorer ses maîtres s'ils ne sont pas de race germanique, mieux encore les naturaliser de force lorsque l'évidence et la notoriété sont trop flagrantes pour qu'il soit permis de les ignorer, tel est le programme. Et le livre ainsi fait, quand un organisme commercial de la puissance du *Boërsenverein* le projette aux quatre coins du monde par centaine de milliers, on peut supposer quelle force de propagande il représente, s'expliquer avec quelle sollicitude producteurs, marchands, clients de nationalité germanique et gouvernement national se sont ingéniés à en favoriser la diffusion.

Et l'on comprend que le simple mot *Boërsenverein* soit devenu, sous la plume de tous les polémistes, dans la bouche de tous les détracteurs de l'industrie française une manière de leitmotiv; on sait de reste si notre critique est volontiers disposée à chercher l'élan de son inspiration dans le dénigrement un peu trop sincère de nos propres façons de faire. On en parla donc au Congrès, mais d'une manière un peu générale et à bâtons rompus, sans en exposer d'ensemble le système et l'organisation dont il y a lieu pourtant de définir les grandes lignes et l'esprit.

Sur douze mille maisons allemandes d'édition, plus de dix mille cinq cents sont représentées à Leipzig par des commissionnaires, y ont installé des magasins de dépôt, y font même imprimer et relier leurs ouvrages, ce qui leur évite d'inutiles frais de transport. Jadis, les éditeurs livraient leurs publications brochées aux détaillants; le développement de la reliure mécanique en grand a permis aux libraires en gros d'arriver à vendre les livres reliés au prix où ceux-ci les recevaient brochés de l'éditeur. Ce système, employé d'abord au comptant, s'est généralisé au point d'en être arrivé à permettre même le crédit de trois mois et la vente sous condition.

L'agent essentiel du trafic est le commissionnaire qui sert d'intermédiaire entre le public et le libraire

aussi bien qu'entre le libraire et l'éditeur auxquels il
garantit un crédit à terme annuel. Disposant de
capitaux considérables, les commissionnaires de
Leipzig tiennent en main tout le commerce des
Livres à Leipzig; leur responsabilité est considérable : ils centralisent toutes les feuilles de commande que, chaque jour ou chaque semaine, leurs
commettants libraires leur font passer avec l'indication du mode de payement (à condition ou à
compte ferme), le nom de l'éditeur, le mode d'envoi;
un bureau central de seize commis suffit au triage
de ces feuilles, à l'expédition des commandes aux
commissionnaires des éditeurs chargés de les trans-
mettre, aux éditeurs eux-mêmes s'ils sont installés
à Leipzig. Les éditeurs envoient les commandes en
colis *sans frais de transport* à leurs commissionnaires, qui les font parvenir aux commissionnaires
des libraires qui, eux, les envoient à leurs mandants.
L'importance de ce mouvement d'affaires a déterminé la création de fourgons spéciaux de librairie
transitant les marchandises à intervalles réguliers
en grande vitesse, au tarif de la petite.

Ajoutons que la bibliographie de la formidable
production libraire en Allemagne est très soigneusement tenue à jour, par les soins de ces mêmes
commissionnaires. Le catalogue d'une des principales maisons de librairie en gros de Leipzig, la
maison Volckmar, se compose de 1 200 à 1 300 pages
avec les titres des livres et un code de mots par ordre
alphabétique pour réduire le prix des commandes
télégraphiques, les prix de vente et les chiffres des

remises; tous les huit jours un supplément est publié, indiquant les livres nouveaux. Enfin le système du crédit à long terme et de l'envoi des ouvrages à condition vient encore offrir à l'acheteur de nouvelles facilités. Il convient toutefois de remarquer que le système de l'envoi à condition n'est pas sans avoir donné lieu à bien des déboires et partant à bien des critiques; cependant, tel quel, il demeure la base de la vente allemande, constituant une réclame sans frais, un moyen de pénétration puissante pour l'esprit allemand, un avantage précieux pour la création à peu de frais d'un fonds de commerce pour le petit libraire; et, en dépit du fardeau de plus en plus lourd qu'il constitue et des pertes pécuniaires qu'on lui impute, il est destiné à durer, sous peine de voir chanceler l'édifice tout entier, si l'on venait à le priver de cette assise indispensable.

En gros, voilà donc en quoi consiste la méthode allemande. Reconnaissons-en la qualité, mais ne perdons pas de vue la part que tiennent, dans cette organisation, le temps d'abord et aussi le tempérament d'une race persévérante et particulièrement propre à la discipline. Ce qui, de l'autre côté du Rhin, doit sa fortune à une tradition laborieuse de plusieurs siècles, s'il est raisonnable de le proposer en exemple, il devient téméraire d'en prétendre imposer l'immédiate réalisation à une race de tempérament franc-tireur comme la nôtre. Ne méconnaissons pas non plus la valeur de l'argument que nos industriels du Livre tirent, pour expliquer le rendement incomplet de leurs efforts, de la faible

natalité française qui n'arrive à opposer que quarante millions de consommateurs aux cent vingt millions de la clientèle germanique; non pas que nous
considérions ce raisonnement comme sans réplique,
mais parce que, en nous plaçant au point de vue de
la propagande personnelle, nous savons que la situation d'un seul Français en face de trois Allemands
demeure, commercialement, désespérée. Alors que le
champ de bataille proprement dit reste encore sans
contestation possible (Verdun l'atteste) favorable à
notre valeur, nous pouvons consentir à l'Allemagne
le bénéfice d'une supériorité pratique dans le domaine de la propagande et de la publicité. Le mot
d'ordre : « l'Allemagne au-dessus de tout » (même des
scrupules où nous nous attardons) demeurera, malgré les déboires et même les revers, la consigne de
tout Allemand dans le monde, qu'il soit producteur
ou consommateur.

L'exemple vient de haut. Si, comme l'expérience
l'a démontré jusqu'au scandale, le gouvernement
germanique n'a pas toujours fait preuve de réserve
dans le choix de ses agents diplomatiques et consu-
laires, il faut reconnaître que, sous le rapport de
l'audace et de l'esprit de combativité, ses représentants officiels se sont partout montrés les auxiliaires,
acharnés jusqu'aux pires procédés, de tout ce qui,
par le moyen du trafic ou de la propagande, sym-
bolisait sur toute l'étendue des terres habitées l'activité commerciale et industrielle de l'Allemagne.

En regard de cette inlassable chasse aux affaires,
qu'avons-nous fait? De quel secours ont été pour nous

dans le monde les quelques millions de Français, qui représentent, en face de tant de millions d'Allemands, la hardiesse, l'initiative jadis proverbiales de notre race ? A ce faible contingent essaimé par la France, quel appui ont apporté les pouvoirs officiels chargés de représenter notre gouvernement dans les grands centres de trafic mondial ? La faiblesse des uns, la gêne des autres ont trouvé leur explication dans des raisons tirées de la douceur même de la vie française qui retient ses enfants et leur déconseille de s'expatrier, en même temps que d'une situation nationale amoindrie par une défaite encore invengée. Pour faire valoir ses produits, l'Allemagne savait se targuer fructueusement de ses victoires, tandis que, courbée sous un *Væ Victis* déprimant, la France était contrainte d'éviter jusqu'à la moindre allusion qui pût faire soupçonner qu'elle rêvât d'une revanche possible, même sur le terrain commercial.

Certains, spécialement depuis la présente guerre, s'en étonnent et, prenant en détail chacun des procédés utilisés par nos rivaux, font grief au commerce de la librairie française d'avoir négligé tel ou tel moyen d'attirer la clientèle.

— Vous ne consentez pas d'assez longs crédits, affirme l'un.

— Pardon, répondent MM. Paul Gillon et Max Leclerc, c'est là une erreur, qui finirait par faire croire au grand public et même aux étrangers qu'il n'y a rien à faire, sous prétexte que, si l'on n'a pas d'énormes capitaux, il est interdit d'organiser des affaires. Cette affirmation est fausse : nous faisons des crédits de six mois, d'un an et même de dix-huit mois.

— Il est absolument nécessaire, si vous voulez concurrencer l'Allemagne, d'entrer dans la voie du crédit prolongé et, pour cela, vous avez besoin d'une banque spéciale ou d'une très grosse maison de commission.

— Nous le nions. Nous n'avons besoin ni d'une banque spéciale, ni d'une maison de commission pour supporter à notre place les risques financiers du commerce d'exportation.

— Les remises que vous faites sont insuffisantes.

— Pour les livres de science, les ouvrages de médecine ou de mathématiques, peut-être. Cela tient à ce que le livre scientifique allemand est beaucoup plus cher que le livre scientifique français ; et la critique tombe à faux si l'on considère que l'édition française, mieux illustrée et moins chère que l'édition allemande, s'est aussi bien mieux répandue dans le monde.

Il serait oiseux de chicaner sur le détail des méthodes : c'est l'ensemble qui importe. Si le livre français, selon l'expression même d'un des rapporteurs, ne tient pas sur le marché du monde la place qu'il y devrait tenir, cela tient à des raisons plus générales dont le même rapporteur suggère peut-être la principale, quand il se demande[1] : « Cela tient-il seulement à ce que, faisant fond sur la valeur intrinsèque de nos livres, nous fiant à eux des soins

---

1. Ed. Fouret, les *Efforts tentés de divers côtés en France pour développer la vente du Livre à l'étranger.*

de répandre leur propre éloge, nous ne les avons pas, comme on dit, suffisamment poussés ? Il est certain que nous ne regardions guère, auparavant, au delà de nos frontières. »

A cette insinuation la réponse a été placée par le même industriel en tête de son rapport, à titre d'épigraphe, écrit-il, sous la forme d'une citation empruntée à l'ouvrage de M. Henri Hauser : *Les méihodes allemandes d'expansion éeonomique.*

« Le temps n'est plus où la marchandise pouvait attendre le client; si belle et si bonne qu'elle soit, il faut qu'elle aille trouver l'acheteur possible... Entre la surproduction illimitée, irraisonnée et cette timidité, cette peur du risque, disons-le, cette apathie dont notre commerce a tant souffert, il y a place pour la prudence hardie, pour l'énergie qui sait oser. »

Paroles judicieuses, programme très sage que nous devons nous appliquer de toutes nos forces à réaliser en entier dans le plus court délai possible. Les initiatives particulières n'ont sans doute pas manqué chez nous et il ne faut pas oublier de leur rendre hommage ; les services rendus par des maisons de commission et d'édition comme celles de Garnier, Bouret, Le Soudier, Terquem, les relations qu'elles ont su établir et suivre avec les deux Amériques, c'est un précieux gain à l'actif de notre énergie nationale. Il est permis d'espérer davantage, non point en dehors mais avec le concours de toutes les intelligentes initiatives.

Dans cette comparaison que l'on établit dans l'industrie du Livre entre les méthodes françaises et les procédés allemands, il semble bien que l'avantage incontestable de ceux-ci tient à la coordination des efforts, à *l'unité du front*, grâce à quoi le Livre allemand mène le combat en une seule masse de pénétration, avec des procédés identiques, communs à tous comme le mot d'ordre qui les inspire. Notre époque est celle de l'effort collectif : tout travail individuel voit centupler son rendement, s'il sait le coordonner avec celui du travail voisin. Les marchés nationaux s'élargissent de toute l'étendue du marché mondial, et la concurrence de producteur à producteur, c'est aujourd'hui la concurrence de peuple à peuple; qui sait même si, demain, là encore, la solidarité ne s'élargira point encore et si la nécessité n'inaugurera point des firmes multinationales où plusieurs pays associés devront unifier leurs méthodes de ventes sinon de fabrication, pour résister économiquement à des trusts réunissant plusieurs peuples sous une seule marque de fabrique?

En attendant, n'apparaît-il point que la librairie française gagnerait considérablement en force, si elle adoptait pour sa propagande et pour son trafic un système centralisateur où s'atténuerait le prix de revient des frais indispensables? Des agents propagateurs de tous les livres français dans tous les coins du monde, voilà ce qui nous a manqué. Certes, nous ne méconnaissons pas et nous n'estimerons jamais assez haut les inappréciables services moraux qu'ont rendus à la cause française des asso-

ciations du genre de l'Alliance française; ses deux
cent vingt comités, les deux cent cinquante écoles
qu'elle a créées représentent une portion infiniment
précieuse de notre patrimoine national. Mais, après
tout, son rôle n'est point marchand et si, dans le
sillon qu'elle ouvre, le voyageur porteur de livres
s'insinuait immédiatement, il y a tout lieu de croire
que les résultats seraient meilleurs.

Car, en dépit de la concurrence germanique et de
notre nonchalante abstention, c'est à n'y pas croire,
mais le monde aime la France. Et, de cette vérité
dont la présente guerre nous a donné tant de
preuves, nous avons, mieux que tous autres, pu
goûter la réalité, nous qui, au Comité de la Société
des Gens de lettres, avons eu l'occasion maintes fois
répétée d'entendre monter vers notre Patrie tant de
paroles de tendresse où se mêlaient d'affectueux
reproches. De Norvège, d'Italie, d'Espagne, des
pays latins d'Amérique, tous, ils nous disaient :
« Chez nous, c'est vous que l'on aime si l'on craint
encore les autres. Mais pourquoi vous voit-on si
peu? Pourquoi ne venez-vous jamais vers nous? »

Et c'est en cela que, à cet argument tiré de notre
faible natalité comparée à la puissance prolifique de
l'Allemagne, nous pouvons répondre en partie, en
affirmant que les Français ne sont point seuls à lire
le Livre français et qu'il y a de par le monde toute
une vaste clientèle qu'il faut aller chercher, une
masse innombrable de mains étrangères et amies
dans lesquelles il faut aller remettre sur place le
Livre français.

C'est cette nécessité qu'a bien comprise le service de propagande française à l'étranger organisé au début de cette guerre par le ministère des Affaires étrangères sous le titre de Maison de la Presse : dans les centres de langue allemande, c'est à des libraires qu'il s'est adressé pour combattre sur place l'influence et les procédés germaniques. Aussi bien M. Ed. Fouret a-t-il pleinement rendu justice aux services éminents rendus à la cause du Livre français par la Maison de la Presse ; c'est avec raison qu'il a remercié de leur utile collaboration les missionnaires de notre propagande nationale : M. G. Petitjean au Chili, M. Paul Claudel en Italie, M. J. B. Coissac en Écosse, M. le professeur Verrier en Scandinavie, M. Crès en Suisse, etc.

Le rapporteur général du Congrès du Livre manquerait à l'une de ses principales obligations s'il ne rappelait ici l'initiative prépondérante de la Maison de la Presse dans l'organisation du Congrès. C'est à l'appui généreux que notre Comité a, dès la première heure, trouvé chez M. H. de Jouvenel, alors chargé de diriger cette puissante et intelligente institution, que nous devons le succès de nos efforts. En associant dans notre reconnaissance le concours de notre confrère et ami Louis Forest à celui de M. de Jouvenel, nous ne ferons que nous acquitter d'un strict devoir sans sortir des limites de la question que nous nous sommes efforcés d'envisager d'une façon générale et pratique. Le rôle à la fois centralisateur et entraînant joué par la Maison de la Presse dans l'improvisation d'une propagande trop

longtemps négligée par la France, témoigne de tout
ce que l'on est en droit d'attendre, dans l'avenir, de
notre puissance combative adroitement soutenue
par des appuis officiels : aussi nombre d'excellents
esprits ont exprimé le vœu qu'une institution comme
la Maison de la Presse ne disparût point avec les
circonstances qui déterminèrent sa création.

L'évocation des services dus ainsi à l'initiative de
l'État secondé par le zèle des particuliers peut nous
servir de transition pour aborder la seconde partie
de notre étude. Après avoir exposé les causes multiples de la crise du Livre, il nous reste à formuler
les moyens de la résoudre : de l'ensemble des vœux
émis à ces fins par le Congrès, nous essayerons de
dégager la part qui incombe dans ce travail considérable à chacune des responsabilités.

LES MESURES A PRENDRE

I

UNE LOI DE DÉFENSE GÉNÉRALE

Avant d'entreprendre le travail considérable d'une réorganisation de l'industrie du Livre en France, il ressort de ce que nous avons exposé que la nécessité s'impose de solliciter des pouvoirs publics le vote d'une loi de défense générale établissant le solide barrage destiné à contenir l'inondation étrangère qui menace de submerger notre marché national. A l'abri de cette digue, il deviendra possible d'organiser la résistance et de préparer la victoire future.

C'est ainsi que, jadis, en présence de la concurrence américaine qui avait fait tomber chez nous les prix du blé au-dessous des prix nécessaires à la rémunération de notre industrie agricole, le Parlement avait fini par se résoudre à l'établissement de tarifs protecteurs. C'est ainsi d'ailleurs qu'ont procédé certaines nations pour protéger leur propre industrie libraire; et l'on conçoit aisément que ce soit du côté des tarifs de douane que se tourne immédiatement le rapporteur chargé d'étudier la question.

Dans le rapport qu'il a rédigé à cet effet, M. Lahure n'hésitait pas à recourir aux moyens extrêmes. Faisant avec juste raison ressortir le caractère d'acharnement et de duplicité de la concurrence allemande qui, en pleine guerre même, a su adapter ses moyens à ses fins par l'intermédiaire des pays neutres, il semble qu'il ait voulu borner son effort à l'exclusion de cette concurrence complétée par une facilité absolue accordée aux produits français pour une invasion vengeresse du marché allemand. En même temps que la suppression entière, dans tout traité de commerce futur, de la clause comportant traitement de la nation la plus favorisée, il proposait d'imposer aux nations ennemies la suppression des tarifs maximum et minimum et par conséquent un tarif uniforme, l'obligation d'un certificat de fabrication étrangère et jusqu'à l'entrée en franchise dans les pays ennemis de toutes les impressions en langue française ou morte; enfin il émettait le vœu de voir se créer un système d'entente commerciale entre pays alliés pour lutter contre le Zollverein allemand.

Quelque louables que fussent les intentions patriotiques qui avaient dicté ces diverses propositions, il n'a point paru que la forme en fût possible en général ni même, par certains côtés, complète.

Le système de protection absolue a ses inconvénients ; il offre même ce danger d'engourdir dans une sécurité trop complète l'esprit d'initiative de la production, qui risque de s'y atrophier définitivement. Et puis, l'Allemagne n'est point seule à considérer dans ce problème de la concurrence étrangère : nous avons vu les chiffres et nous savons quelles quantités de livres imprimés en français nous viennent, non pas seulement d'Allemagne, mais d'Angleterre, voire de Belgique. On nous a expliqué[1] par suite de quels avantages d'outillage et d'installation, les usines d'Angleterre et d'Écosse sont en mesure de répandre chez nous d'innombrables quantités de petits volumes à bon marché dont les frais d'établissement sont pour ainsi dire amortis à l'avance, grâce au chiffre énorme des ventes effectuées sur l'immense marché britannique (trois cents milllions de clients) où se trouvent déjà largement remboursées les dépenses d'un outillage pour lequel la production de livres français devient un supplément de bénéfices. Le marché français ne permet pas encore d'envisager la possibilité d'un outillage semblable et, pour amie qu'elle soit, nous nous trouvons en présence d'une concurrence contre laquelle il est indispensable de défendre le Livre français.

D'ailleurs, comme on l'a fait judicieusement remarquer, le Congrès du Livre n'avait point mission de refaire le tarif des douanes. Il s'agit avant tout de protéger le livre français, l'édition française,

---

1. Max Leclerc et J.-P. Belin, *les Industries du Livre et le Commerce extérieur de la France.*

de corriger par une mesure générale les conditions onéreuses où notre production se trouve placée du fait de certains tarifs, en tenant compte de l'intérêt qu'il y a pour nous à ne provoquer nulle part des représailles toujours dangereuses et sans violer le principe de la libre circulation de la pensée imprimée.

Des mesures de ce genre ont été prises jadis par les États-Unis avec une certaine brutalité : soucieux de protéger la main-d'œuvre nationale, le gouvernement de l'Union, a, jusqu'en 1909, refusé toute protection quant à leurs droits aux œuvres étrangères non imprimées sur son territoire ; aujourd'hui encore, cette mesure radicale demeure en vigueur pour les ouvrages de langue anglaise.

Plus libérale, semble-t-il, l'Espagne a cherché la défense de ses maisons d'édition et de ses imprimeries, en établissant simplement un droit d'entrée sur les ouvrages de langue espagnole importés de l'étranger.

Il a paru, sur la suggestion de MM. Max Leclerc et J.-P. Belin, que là était la solution moyenne du problème ; les principes essentiels qu'il s'agissait de défendre s'y trouvent sauvegardés et c'est sur cette formule que s'est faite l'entente : M. Lahure s'est rallié à la formule présentée par les deux rapporteurs précités.

Indépendamment de tout traité antérieur, rien n'empêche le vote d'une loi justifiée par les considérations qui ressortent de tout ce que nous venons de dire et qui établira des droits d'entrée sur tous les livres, périodiques et imprimés en langue française fabriqués à l'étranger. La question s'est alors posée de savoir s'il convenait d'étendre la mesure aux livres en langues anciennes ; quelques savants ont fait valoir l'intérêt supérieur de la négative, mais la nécessité de défendre notre édition classique et de barrer la route à des ingérences hostiles a prévalu : textes anciens non annotés ou annotés en français doivent payer à la frontière comme les textes français venus de l'étranger. Voilà le sens général de la loi que l'on demande au Parlement de voter.

A cette disposition de principe, il paraît juste d'apporter dans l'application les tempéraments justifiés par nos alliances et nos amitiés, en maintenant aux droits nouveaux un caractère prohibitif à l'égard de nos ennemis en même temps que compensateur vis-à-vis des autres pays, auxquels il serait tenu compte des avantages que le produit fabriqué trouve chez eux.

Pour les pays de langue française, notre intérêt même conseillera de prévoir une solution spéciale. Si nous considérons que la Suisse, par exemple, nous achète cinq fois autant de livres que nous en importons de chez elle, le tarif minimum s'impose, voire l'exemption. Quant à la Belgique, nous avons toutes les raisons de lui réserver un traitement de faveur ; ce n'est pas, d'ailleurs, se hasarder beaucoup que de supposer l'intervention de ce côté d'une entente économique assez étroite, grâce à laquelle il sera facile de faire bénéficier cette héroïque et malheureuse nation de toutes les facilités compatibles avec les intérêts réciproques des deux parties contractantes.

En dehors de ces mesures économiques, d'autres précautions restent à prendre : il convient d'assurer l'authentification indispensable des produits étrangers importés chez nous, d'empêcher toute tromperie sur la marchandise ; on a cité en exemple les cartes postales qui ont été importées d'Allemagne en France et qui portaient bien, imprimés au bas de la feuille, ces mots : « Imprimé en Allemagne » ; seulement la mention était apposée de telle sorte qu'il suffisait de la couper au massicot pour donner apparence française au produit sans modifier en rien son aspect extérieur. Ou bien encore, pour les livres, on imprimait le texte en Allemagne ou en Autriche, et la couverture, fabriquée en France, venait s'ajouter au texte avec un nom d'imprimeur français.

Pour remédier à ces supercheries, certains ont demandé l'établissement d'une marque de fabrique, d'une estampille professionnelle réservée aux seuls produits français et dont le modèle serait déposé et rendu public par une publicité très étendue. Il a paru plus pratique, tout en réservant à la Chambre de Commerce, seule compétente, l'examen de la question du certificat d'origine, de s'en tenir à un certain nombre de précautions suggérées par la Fédération française des Travailleurs du Livre : en imposant aux livres comme aux périodiques de langue française qui viendront de l'étranger la mention très apparente du nom de l'imprimeur et du nom de la ville d'origine, il suffira d'en prescrire l'apposition assez près du texte pour qu'elle ne puisse être enlevée à la reliure. Une consciencieuse vérification à la douane, des poursuites contre les délinquants interdiront désormais à la fraude et au maquillage la continuation des pratiques hypocrites dont nous étions malheureusement victimes depuis trop longtemps.

En sollicitant des pouvoirs publics le vote de ces règlements d'intérêt général pour l'industrie du Livre, il est à remarquer que le Congrès a borné là son appel à l'intervention directe et exclusive de l'État. Comme l'a judicieusement dit son président Pierre Decourcelle, « il faut que le gouvernement vous aide, mais il faut que vous vous aidiez vousmêmes, avant tout. »

On ne peut donc considérer que comme une très juste réclamation la demande qu'adressent aux établissements officiels les éditeurs de musique, en vue de l'emploi des éditions françaises dans notre enseignement musical. Il convient de faire valoir que la loi dont nous venons d'expliquer l'esprit limite sa protection aux seuls imprimés en langue française ; la musique n'y figure point. Or, nous savons quelle redoutable concurrence la musique allemande constitue depuis longtemps pour nos éditeurs ; là encore le bon marché demeure la cause efficiente, due essentiellement à la supériorité des procédés d'impression[1], à l'excellence de l'outillage comme à l'importance des tirages.

1. P. Bertrand, les Éditions musicales.

III. — 7

Quand ils demandent à l'État de favoriser notre
production nationale en donnant l'exemple de son
utilisation dans l'enseignement officiel, il faut reconnaître que les éditeurs et les auteurs de musique
française n'excèdent pas la réserve recommandée
par Pierre Decourcelle ; ils sollicitent simplement
l'appui que, très légitimement nous allons être amenés à escompter pour le succès des efforts auxquels
l'industrie du Livre tout entière se déclare prête.
D'autant plus que l'initiative individuelle n'y abdique
point, puisque tous, en votant le vœu présenté par
M. Rouart et en prenant note de la déclaration lue
au nom de la Chambre syndicale des Éditeurs de
musique par M. Jacques Durand, ont consacré la
nécessité de coordonner tous les efforts individuels
en une action d'ensemble qui donne à leur résistance
un caractère national.

Ceci est bien dans la note de ce Congrès : unité
dans l'esprit de résistance, solidarité dans l'indispensable travail de reconstitution industrielle et
commerciale que nous allons entreprendre.

II

ORGANISATION PROFESSIONNELLE

Pour amender des habitudes fonctionnelles défectueuses, la meilleure méthode consiste à reprendre *ab ovo* le système général d'une éducation qui s'est révélée insuffisante dans ses résultats.

C'est donc l'éducation professionnelle de l'ouvrier qu'il faut organiser et rendre obligatoire si l'on veut assurer à la main-d'œuvre son rendement intégral ; c'est-à-dire donner, sinon à la totalité, tout au moins au plus grand nombre possible des ouvriers de chaque état les connaissances techniques et pratiques qui feront d'eux des producteurs réguliers et utiles, aptes à se perfectionner dans l'avenir, au fur et à mesure des améliorations et des changements incessants de l'industrie.

Pour atteindre ce but, il ne semble pas que l'atelier puisse suffire. Les exigences de plus en plus grandissantes de la production, la division de la main-d'œuvre où de jour en jour la spécialisation accentue ses exigences, la difficulté qui en résulte pour un apprenti d'y comprendre aisément l'ensemble du métier, une atmosphère plus favorable à la réalisation qu'à la réflexion indispensable à l'étude, mille autres raisons encore exigent pour l'élève-ouvrier au moins le répit d'un peu d'isolement et d'application cérébrale au cours de la journée de travail pratique qu'il passera dans l'atelier.

Sous quelle forme conviendra-t-il donc de concevoir l'enseignement professionnel? Si les patrons et les ouvriers qui discutèrent la question au Congrès se sont trouvés d'accord pour estimer que l'atelier ne suffisait point, est-ce pour recourir au procédé didactique de l'école exclusivement?

La majorité du Congrès ne le souhaite point. D'une manière générale, disent certains critiques, l'école professionnelle, qu'elle soit d'art ou d'industrie, a été conçue par les pouvoirs publics qui en ont pris la généreuse initiative, selon la formule d'un dosage professionnel de l'atelier et de l'école; travaux théoriques, travaux pratiques ont été combinés pour permettre aux élèves qui en suivent les cours de réaliser à certaines heures l'enseignement technique que leur donnent des professeurs généralement très autorisés. Ces élèves produisent couramment quelques sujets très remarquables qui arrivent à se créer dans leur spécialité des situations excellentes; toutefois, on a remarqué que ceux-ci constituaient, dans l'ensemble des promotions, sinon l'exception, tout au moins un choix assez restreint, le plus grand nombre s'égaillant en route, quittant l'école ou bien arrivant péniblement à la fin de leurs études, sans avoir vraiment profité de l'enseignement qu'ils reçoivent et finissant souvent par échouer dans des carrières à côté, voire franchement en dehors de celle dont ils ont appris la technique.

De toutes les raisons qu'on suggère pour expli-

quer ce demi-succès d'une méthode d'enseignement
d'ailleurs consciencieusement appliquée, il semble
bien que la plus forte soit celle-ci : vous isolez pendant trois ou quatre années dans une manière de
conservatoire officiel un certain nombre de jeunes
gens auxquels vous assurez le loisir nécessaire pour
étudier tous les secrets d'un art ou d'un métier dans
des conditions relativement parfaites de sérénité ;
vous leur prescrivez la nécessité de la perfection, en
dehors de toutes les contingences et de toutes les
difficultés de la vie humaine, loin du souci de toute
hâte dans la production, si bien qu'en route certains
se découragent faute de ressources nécessaires pour
continuer et qu'à la sortie, beaucoup d'entre eux
rentrent, dépaysés, dans une existence où il faut
produire vite pour gagner sa vie, alors que cette
tranquillité officielle où ils ont grandi les a mieux
préparés à critiquer qu'à produire. A côté de l'atelier
théorique de l'école, l'atelier de l'usine s'avère avec
des exigences trop impérieuses pour eux ; de sorte
que, si l'usine actuelle n'a plus le temps d'éduquer
l'apprenti, l'école professionnelle a souvent le tort
inverse de l'avoir un peu nonchalamment instruit.

Certes ce n'est pas la valeur technique des écoles
professionnelles que certains ont discutée ; que l'enseignement y soit consciencieusement donné, que le
personnel dirigeant et enseignant s'y acquitte de sa
tâche avec zèle et compétence, nul ne l'a nié. Il s'est
trouvé seulement des personnalités autorisées pour
en discuter la conception et ne pas la trouver entièrement adéquate au but poursuivi.

Pour atteindre le but que l'on se propose ici, il faudrait d'ailleurs produire davantage sous certain rapport et moins à d'autres égards ; une école professionnelle est capable de fournir à l'industrie quelques chefs et quelques contremaîtres ; elle pourrait difficilement donner une moyenne beaucoup plus étendue de bons ouvriers capables de produire et de passer sans à-coup de cet apprentissage d'élite à la vie productive de l'atelier.

Cette opinion qui s'est fait jour dans les délibérations du Congrès, il ne faudrait point que ceux qui ont assumé les responsabilités de diriger jusqu'à ce jour l'enseignement professionnel en puissent prendre ombrage, y soupçonner une critique personnelle, alors qu'il s'agit simplement de considérations d'ordre général ; aussi bien, dans un examen de conscience comme celui que nous avons entrepris, ne saurait-on s'étonner de ne pas trouver sans défaut l'un quelconque des rouages d'un organisme dont le fonctionnement a été reconnu défectueux dans son entier.

L'École Estienne, organisée par la municipalité de Paris en vue de l'enseignement professionel de l'industrie du Livre, n'a point échappé à ces critiques. A vrai dire, il semble qu'elle ne les justifie point entièrement et ses plus obstinés détracteurs sont contraints de reconnaître un fait : contrairement à ce qui se produit dans la plupart des établissements similaires, le déchet professionnel s'y avère assez faible, c'est-à-dire que, sur la quantité des élèves qui abandonnent en route son enseignement, le plus grand nombre demeure acquis aux professions du Livre. Et ce n'est point un mince résultat. Il faut ajouter que les réels services rendus par l'École Estienne n'ont point été méconnus par le Congrès qui, dans la réorganisation projetée, lui a par avance donné sa part ; et M. Georges Lecomte, directeur de cet utile établissement, a pleinement eu raison de se porter garant du précieux concours que l'industrie du Livre y peut escompter pour le succès des efforts qu'elle s'apprête à tenter en vue d'une rénovation ; il a pu, de son côté, s'estimer satisfait et justement fier des éloges que les imprimeurs ont su prodiguer à sa direction éclairée et féconde, sans cesse en éveil, dans un souci constant d'amélioration. Il s'est trouvé d'accord avec tous pour demander qu'à l'enseigne-ment actuel de l'École Estienne soit ajouté un cours supérieur pour les apprentis du dehors ayant fait leurs preuves dans les ateliers privés.

Cependant, qu'elle soit conçue comme un orga-nisme technique complémentaire ou comme un con-servatoire spécial destiné à la production d'un per-sonnel d'élite appelé à constituer dans l'avenir les cadres d'une industrie, le système de l'école profes-sionnelle tel qu'il fonctionne actuellement n'a point paru de nature à satisfaire exclusivement aux exi-gences d'une éducation à la fois technique et pra-tique des apprentis.

Ni l'atelier seulement, ni l'école exclusivement, a pensé le Congrès. C'est alors que M. Louis Forest est venu suggérer, à titre d'indication, de fondre les deux ensemble, comme cela s'est pratiqué à Grenoble pour l'enseignement du métier de la ganterie. L'originalité de cette école, créée par les fabricants eux-mêmes, à l'aide d'un gros capital réuni à frais communs, consiste en ceci qu'elle constitue une véritable maison de commerce organisée pour fabriquer et pour vendre ; les apprentis de divers ordres y ont appris l'ensemble du métier et ses détails, le métier de la ganterie comme celui du vendeur ; de jeunes voyageurs ont été jusqu'au Canada pour faire des affaires et ils en ont fait. Bref, le succès global a dépassé les espérances.

On conçoit que ce qui a pu se réaliser dans un milieu industriel, où la ganterie est pour ainsi dire centralisée, deviendrait peu pratique pour des métiers dont les usines et les ateliers sont disséminés aux quatre coins de la France ; et peut-être M. Louis Forest, en citant cet exemple, a-t-il voulu simplement suggérer, à l'aide d'un symbole, que l'étendue des réformes ne se limite pas dans l'industrie du Livre à la technique des seules fabricants.

Laissant à chacun son autonomie et son rôle, le Congrès a été amené à envisager pour la formation de l'apprenti une collaboration de l'usine et de l'école où se continueraient utilement, en vue d'une expérience pratique, les suggestions rudes et réalistes de l'une avec la technicité plus idéaliste de l'autre.

Sur les modalités de cet enseignement, les avis peuvent différer. A l'école du soir proposée par M. de Malherbe, on peut objecter l'inconvénient qui résultera de la fatigue pour un enfant de quatorze ou quinze ans plus porté à se reposer qu'à prolonger par une veille une journée de travail déjà longue. L'école de demi-temps, dont M. Georges Lecomte suggère le système, supprimerait cette objection; mais sera-t-il facile de prendre sur les heures d'atelier le temps nécessaire à l'école sans déterminer quelque perturbation dans le travail courant? Pour ces diverses raisons, M. Keufer préconise le système de l'école de cinq à sept heures, après la sortie de l'atelier, avant le repas du soir.

Ces questions de détail rentrent dans le programme général de l'enseignement professionnel qu'une commission interprofessionnelle, nommée par le Congrès et composée de patrons, d'ouvriers et d'employés de chacune des professions relevant de l'industrie du Livre, a été chargée d'organiser.

Mais auparavant, dans l'exposé des vœux auxquels a donné lieu la discussion du rapport de M. Keufer, c'est tout un plan d'éducation de l'ouvrier de demain qui a été tracé, tout un plan qui a pour principe l'étroite collaboration de l'école et de l'atelier. L'économie s'en adapte à l'industrie du Livre non moins qu'à toute industrie, et le caractère élevé des considérations qui l'ont fait adopter le recommande puissamment à l'attention de tous ceux qu'intéresse sa réalisation : pouvoirs publics, patrons, ouvriers, parents et enfants de France. Ce n'est point hausser inutilement le ton que de proclamer la gravité des suggestions qui vont suivre en affirmant que, de leur réalisation, dépend non pas seulement la force, mais l'existence de l'industrie française.

D'abord instruisons *tous* nos enfants; que le principe de l'instruction primaire obligatoire soit res-
pecté dans toute son intégralité, sur toute l'étendue
de notre territoire. Au cours de la formation scolaire,
l'enseignement devra s'efforcer de faire valoir aux
yeux des écoliers la noblesse et la beauté du travail
manuel, « les joies qu'il procure accompli consciencieusement, l'indépendance, l'aisance, les loisirs
qu'il doit assurer aux travailleurs[1] ». En dévelop-
pant ce sentiment par des exemples choisis, il ne
sera guère difficile de combattre efficacement le
préjugé tenace, grâce auquel se maintiennent dans
l'imagination vulgaire le respect et l'envie des carrières d'apparence plus relevée et de réalité si mince
où les salaires se nomment traitements, où l'atelier
se transforme en bureau pour l'employé beaucoup
moins rémunéré que l'ouvrier. La France a, plus que
jamais, besoin de tous les bras robustes; il subsistera toujours assez d'éléments faibles ou affaiblis
pour qu'il soit possible de les utiliser dans les besognes moins fatigantes et moins rétribuées de l'administration.

Prolongé d'une année jusqu'à l'âge de quatorze ans,
l'enseignement primaire facilitera l'organisation de
ce préapprentissage dont, en même temps que les
protes et correcteurs[2], M. Motti s'est fait l'éloquent
apôtre dans le projet d'éducation professionnelle
dont il est venu donner lecture au Congrès, préap-

1. Keufer, *l'Apprentissage dans l'Industrie du Livre.*
2. Société fraternelle des protes, *l'Industrie du Livre.*

prentissage comportant les éléments du travail du
bois, du fer, etc. Aussi bien, M. Motti a-t-il eu
raison de le faire valoir, tous les enfants, même ceux
qui se destinent aux carrières libérales, ont besoin
de savoir se servir de leurs mains pour la pratique
courante de l'existence. Ce concept d'un homme réduit pour une menue besogne manuelle, à déranger
un travailleur d'une besogne plus urgente, est un
concept déjà caduc et il y a lieu de croire que, sous
ce rapport, la vie des tranchées a eu vite fait de modifier les idées de nos poilus contraints à se « dé-
brouiller ». Il y eut une époque où l'apprentissage
d'un métier manuel constituait la base d'une éducation intelligente ; et si, à l'exemple de tel autre pays
démocratique, l'enseignement primaire unifié par-
vient chez nous à devenir le point de départ de
l'éducation nationale, alors sans doute pourrait se
réaliser plus pratiquement le vœu de certains qui
eussent voulu rendre obligatoire l'apprentissage
d'un métier manuel pour tous les jeunes gens ne
suivant pas les cours de l'enseignement secondaire.

Mais demeurons dans le présent ou tout au moins
n'escomptons pas cet avenir prochain où, au cours
de ce système d'éducation, l'un des principaux objets
dignes d'attirer l'attention du maître, des parents,
de l'élève même doit consister dans l'observation de
ces jeunes natures en voie de formation, dans l'éveil
de leur conscience et de leurs tendances ; la période
primaire de l'éducation facilitera ainsi une sorte
d'inventaire de chaque génération où les valeurs et
les goûts se classeront selon les forces et les affi-

nités respectives, chaque sujet prenant conscience de lui-même et s'orientant naturellement vers la voie où il a chance de cheminer avec succès. Consignées sur des feuilles spéciales, ces observations devront servir finalement à renseigner des commissions scolaires qui, tenant compte de l'aptitude physique comme des facultés intellectuelles, seraient autorisées à suggérer aux parents une direction propice à l'intérêt de leurs enfants.

Ici commence le rôle de l'atelier où l'on voit bien que déjà l'apprenti ne doit plus entrer dans les conditions d'incertitude et d'ignorance actuelles. Une certaine instruction rudimentaire et générale peut le mettre à même de ne pas tarder à se trouver en état de gagner un salaire de début, dont il ne tiendra qu'à lui d'augmenter le chiffre par la justification d'un rendement progressif. Ce qu'il importe, en tout cas, c'est que lui soit assurée cette instruction professionnelle qu'il vient chercher dans le travail même : un contrat d'apprentissage, obligatoire dans le commerce ou dans l'industrie pour tout enfant au-dessous de dix-sept ans, dressé et signé selon les usages, lui en garantira la certitude ; parents, enfant et patron y consigneront leurs obligations réciproques et notamment, toutes les fois qu'il y aura lieu, celle de laisser à l'apprenti le temps nécessaire pour suivre les cours d'un enseignement professionnel complémentaire, étant admis que la durée normale du travail d'atelier ne dépassera point pour lui la durée maximum de dix heures, établie par la loi du 30 mars 1900, amendée en vue de permettre, sous cette réserve, la présence des apprentis dans les locaux où les ouvriers travailleront pendant plus de dix heures.

Pour l'organisation de ces cours, on a suggéré l'institution de commissions mixtes locales auxquelles sera confié le soin d'en assurer la réalisation pratique. Quant au programme spécial d'instruction professionnelle pour l'industrie du Livre, l'élaboration, selon le vœu de M. Motti, en a été confiée à une commission interprofessionnelle où les ouvriers, patrons et employés s'uniront dans une commune inspiration des intérêts qu'ils représentent.

En nous tenant strictement dans les limites du programme voté par le Congrès de 1917, nous sommes contraints d'abandonner, au seuil de sa carrière de producteur, le jeune homme que nous eussions voulu suivre plus loin. Il a bien fallu limiter l'effort au plus urgent dans l'immense travail de réorganisation qui s'impose, et il était difficile pour l'instant de faire davantage. Le programme que nous venons d'exposer une fois suggéré aux pouvoirs publics, comme contribution à la discussion devant la Chambre des Députés de la loi sur l'apprentissage récemment votée par le Sénat sur le rapport de M. Astier, il resterait à envisager un certain nombre de problèmes intéressant l'amélioration technique de la main-d'œuvre et de la direction industrielle. Nous l'avons compris au cours de ces débats, l'enseignement et l'étude ne limitent point leurs exigences à la période scolaire proprement dite ; à leur expérience professionnelle, les ouvriers et les patrons eux-mêmes sont tenus d'ajouter l'indispensable appoint que les transformations incessantes de toutes les techniques les contraignent de connaître journellement.

Ce sera sans doute le programme du Congrès de demain. Celui d'hier s'en est tenu sur ce point à de discrètes insinuations, et il a, sous ce rapport doctrinaire, comme au point de vue des intérêts sociaux, limité sa curiosité. Dans cet urgent besoin d'union sacrée qui domine aujourd'hui tout chez nous, l'unanimité s'est faite pour proclamer l'identité des intérêts ouvriers et patronaux ; que les uns se montrent soucieux d'améliorer le rendement professionnel, et il ne sera point difficile aux autres d'associer aux bénéfices une main-d'œuvre résolument productrice[1]. En des discussions du genre de celles dont nous reproduisons l'analyse et l'esprit, les points de frottement se font visibles et, par le fait, leur importance s'atténue. Connaître son mal, c'est déjà pouvoir le soigner et, partant, l'atténuer, voire le guérir. Ce que l'on comprend surtout à la pratique d'un tel examen, c'est la nécessité d'une méthode et la vanité de tout geste désordonné. Quand imprimeurs et éditeurs constatent le dommage qui résulte pour le Livre d'un défaut d'entente entre leurs activités[2], ils ont affirmé du même coup la nécessité d'une réforme. Il y a dans tant de vœux d'apparence

1. Rivet, *la Technique du Livre*.
2. *Imprimeurs typographes*, rapport présenté par le Syndicat patronal des imprimeurs typographes.

un peu timide et que l'on pourrait être tenté de considérer comme de pure forme, une indication pour les Congrès futurs, une suggestion pour de prochains rapports.

Si nous sommes tenus de nous en remettre à l'avenir pour l'examen des questions les plus élevées du problème professionnel dans notre industrie, il est un point, du moins, sur lequel les travailleurs du Livre n'avaient point attendu les rudes leçons d'une guerre cruelle pour parer à des diffiültés sociales, dans un esprit de concorde et de solidarité.

Sous le rapport de l'Assistance mutuelle et de la Prévoyance, la librairie française non seulement n'a rien à envier aux autres, mais elle peut être citée en exemple par la quantité vraiment considérable d'œuvres dont M. F. de Pachtere, président de la Société de Secours mutuels des employés en librairie de Paris, donne la liste dans le rapport qu'il a présenté au Congrès [1]. Et encore des omissions regrettables ont-elles été réparées au cours d'une discussion qui ne pouvait être que de pure forme. Œuvres patronales, syndicats, associations amicales ou de secours mutuels, toutes ces œuvres tendent à se grouper en un faisceau unique, ayant son centre au Cercle de la Librairie, sous la forme d'une commission unique d'économie sociale chargée d'étudier les questions de participation, de retraites, de prévoyance que soulèvent les exigences grandissantes de la vie moderne.

1. F. de Pachtere, *les Œuvres sociales du Livre.*

En votant la création de cette commission, le Congrès a donné un gage précieux et tangible de cet esprit de solidarité paisible qui doit présider aux discussions d'intérêts particuliers, dont la méconnaissance ne fait que troubler l'économie générale d'une corporation ; il a fait mieux : il a, sous l'influence des événements, prescrit à cette commission le programme de la plus impérieuse, de la plus touchante innovation. La guerre a cruellement fauché dans les rangs de l'industrie du Livre ; les orphelins y sont légion : au premier rang de ses œuvres nombreuses, la corporation s'enorgueillit de compter un orphelinat dont elle a décidé d'élargir encore la devise en adoptant comme ses enfants tous ces petits qui s'appelleront désormais les « pupilles du Livre. »

Sur cette initiative touchante, sur ce geste de tendresse en mémoire de ceux qui ne sont plus, nous pourrons clore ce chapitre des résolutions professionnelles du Congrès. Par ce qu'il évoque de sacrifices consentis et de solidarité, il souligne la grandeur des obligations tout comme le fit, au milieu d'un impressionnant silence, cet aveugle de la guerre, M. Pérouze, qui, guidé par un congressiste, vint, au cours d'une de nos séances, demander à ceux qui font les livres d'unir leurs efforts pour augmenter le nombre des ouvrages imprimés en caractères Braille. La confection de ces livres n'est pas difficile, mais elle exige du temps ; leur transport nécessite de la place, car le volume d'un seul ouvrage est considérable ; la main-d'œuvre qui les exécute,

les transports qui les convoient uniront leurs efforts
pour que la noble distraction de la lecture se trouve
facilitée à ceux qui ont, pour le salut de la patrie,
perdu l'espoir de revoir autrement qu'en rêve la
lumière du jour.

III

ORGANISATION INDUSTRIELLE

Au mal particulier dont souffre dans son organisme purement industriel la fabrication du Livre français, on comprend que ce n'est point uniquement à un Congrès spécial du genre de celui-ci qu'il appartient de prescrire le remède. Tout au plus, pouvait-il être question de simples suggestions en ce qui concerne les initiatives que l'on peut souhaiter de voir prendre du côté de telle ou telle spécialité de notre production nationale.

Constructeurs de machines, lamineurs ou batteurs de métaux, chimistes et apprêteurs de toiles entendront, il faut l'espérer, le cri d'appel qui leur vient de ce côté; c'est à eux qu'il appartient d'étudier au plus tôt les moyens d'y répondre pour donner aux imprimeurs des machines françaises à bon compte, aux relieurs le cuivre en feuilles et l'outillage qu'ils sont contraints d'aller chercher à l'étranger pour plier, piquer, coudre au fil de lin; c'est à la chimie française, si magnifiquement développée au cours de cette guerre, qu'incombe le soin de rechercher une formule d'apprêt pour les toiles gaufrées et de fantaisie, dont les droits de douane, si l'on n'arrive point à les supprimer au moins momentanément, suffiraient à perpétuer l'infériorité dans notre industrie de la reliure.

C'est à l'étude des rouages multiples qui commandent la marche générale d'une industrie que l'on conçoit la nécessité de l'harmonie dans l'effort et que l'on se prend à rêver la création dans chaque métier d'un organe centralisateur, d'une sorte de cerveau professionnel où aboutiraient tous les fils de la sensibilité générale et d'où partirait l'initiative correspondant à chaque besoin. En assurant la durée de son Comité d'organisation, le Congrès du Livre a sans doute voulu répondre à cette nécessité. Ce ne sera point la moindre des tâches qu'il lui confie que celle de solliciter et d'atteindre, en dehors du Cercle professionnel du Livre, tous les centres d'action dont il demeure tributaire.

Au premier rang de ces collaborateurs indispensables, il est tout naturel que se trouvent les pouvoirs publics. Et ici nous ne voulons parler que de collaboration ; car, si nous avons fait valoir le caractère exceptionnel de la loi de défense sollicitée du Parlement pour protéger la production nationale du Livre français, nous n'avons point entendu dire que le Congrès se fût interdit de faire appel au concours de l'État dans tous les cas où la participation de ce puissant élément de travail se trouverait indispensable au succès de l'entreprise.

Ce n'est point, par exemple, invoquer un étroit protectionnisme que de demander à l'État de ne point faire concurrence à l'industrie nationale et même d'aider à son impulsion par une collaboration bienveillante. C'est un appui de ce genre que sollicitent les imprimeurs en exprimant le vœu que

l'Imprimerie nationale réserve à ses ateliers l'exécution des imprimés fiduciaires ou concernant la
sûreté de l'État, et mette en adjudication tous les
autres travaux d'imprimerie dont l'administration
française a besoin : de même, ne semble-t-il pas
naturel que nos ateliers nationaux mettent pour un
prix modéré à la disposition de tous les imprimeurs
de France les fontes de certains caractères anciens
ou étrangers dont ils possèdent les poinçons?

Toutefois, il est un champ plus vaste dans le domaine industriel du Livre où la collaboration des
pouvoirs publics est appelée à faciliter la tâche
rénovatrice de nos producteurs. Quelle que soit la
bonne volonté, quels que soient même les efforts de
nos fabricants de papier, comment leur serait-il
possible de rétablir au profit national la situation
quasi servile de leur industrie, si l'État ne prêtait
point l'oreille à leurs suggestions, et ne leur four-
nissait point les moyens de succès qu'il est en son
pouvoir de leur procurer?

De toutes les questions techniques débattues au
Congrès, la question du papier est une de celles que
l'on traita le plus profondément. En dehors de l'autorité du spécialiste chargé de l'exposer[1], elle éveil-
lait de tous côtés des préoccupations dont il est aisé
de trouver l'expression dans un grand nombre de
rapports; aussi bien, il n'y a plus personne en
France qui, de par le développement de la crise
économique suscitée par la guerre actuelle, n'ait été

1. Crolard, *Fabrication et Commerce du papier.*

maintenant mis à même d'en comprendre l'importance : de toutes les crises, la crise du papier est, avec la crise du charbon, celle qui a fait couler le plus d'encre et donné naissance aux plus nombreuses polémiques.

Pour la résoudre, il convient de procéder avec ordre et méthode. Le moyen le plus direct, pour émanciper nos fabricants de la dépendance étrangère, consiste manifestement dans la fabrication des celluloses nécessaires à la fabrication du papier. Ce ne sont point les matières premières qui nous manquent; encore faut-il faire choix de celles qui, par leur abondance ou leur renouvellement, se prêtent à une exploitation suivie.

On fait du papier avec toutes sortes de produits, et l'on a présenté au Congrès des échantillons établis par l'utilisation des détritus végétaux de nos marchés; on y a suggéré l'emploi de toutes sortes de fibres et jusqu'à des nids de guêpes. Quel que soit l'intérêt technique que présentent ces expériences, on conçoit qu'elles n'offrent point les bases d'une exploitation continue et abondante. C'est à nos forêts, c'est à ce que le rapporteur appelle des « peuplements », c'est-à-dire à des localités garnies de végétaux régulièrement exploitables par coupes, qu'il convient de demander la mine riche et toujours renaissante où s'approvisionnera le plus tôt possible l'industrie des celluloses françaises ; avec les sapins, on « fait le tour » en soixante ans, avec les peupliers on le fait en trente ans. Une exploitation rationnelle de nos forêts de sapins pourrait dès maintenant

donner des résultats appréciables ; il suffirait de
régler les coupes selon les besoins des diverses
industries (charpente, menuiserie, papiers, etc.) en
réservant à chacune une part déterminée et assurée.
Les pins des Landes, notamment, ont fourni naguère
à la fabrication des pâtes chimiques ; cette exploitation abandonnée pourrait être utilement reprise et
améliorée.

En même temps que nous utiliserons ce que nous
avons, il faudra créer ce qui nous manque. Plantons
chez nous, dans notre terre si favorable à leur crois-
sance, le tremble et le peuplier, à l'imitation de ce
qui fut fait sous l'impulsion du gouvernement italien
dans les plaines de la Lombardie où les résultats
ont été considérables. Ils le seraient au moins
autant chez nous et l'usage du peuplier cesserait
d'être restreint à la menuiserie ; car, si la fibre de
ce bois est moins solide que celle du sapin, elle est
très suffisante pour le papier d'impression.

En attendant que le succès de mesures à long
terme soit suffisant pour nous affranchir de tout
concours étranger, les négociations de la paix
future ne pourraient-elles nous ménager un traitement de faveur dans les achats de celluloses au
Canada et ailleurs, en obtenant des pays amis
qu'ils établissent un droit applicable sur ces produits à nos concurrents ennemis ?

Parallèlement, nous avons d'autres ressources
dans l'immense variété des fibres qui pullulent dans
nos colonies ; un grand nombre ont été étudiées et
leur utilisation industrielle demande encore quel-

ques essais que le simple laboratoire d'études est impuissant à réaliser. Il faudrait centraliser les travaux, expérimenter en grand, sur une échelle permettant de passer de la simple conjecture à l'affirmation d'une pratique étendue. Nous possédons pour remplir ce rôle un établissement dont les laboratoires agrandis se prêteraient à des essais concluants d'expérimentation industrielle; c'est l'École de Papeterie de Grenoble et il est à désirer que, sous le contrôle savant de l'Université qui a son siège dans cette ville, les ministères de l'Agriculture, du Commerce et des Colonies fassent d'elle le centre d'études où les pouvoirs publics pourront se tenir au courant des besoins et des ressources de notre production nationale.

De ces ressources, la plus riche à l'heure actuelle, la plus immédiatement exploitable, c'est l'alfa. Nous le savons, l'expérience en est faite, et nous avons vu que l'utilisation de ce produit français n'a été rendue difficile sinon impossible que par suite de raisons en quelque sorte intérieures. C'est à des initiatives extérieures qu'il faut en partie avoir recours pour modifier une situation paradoxale.

Nous avons dit que des contrats assurent à des acheteurs anglais la plus grande partie des récoltes de nos champs d'alfa. Pour respecter ces marchés qu'il ne saurait être question de dénoncer, et assurer en même temps la fourniture de notre industrie nationale en ces matières, certains ont demandé qu'on intensifiât la culture de l'alfa. Il faut s'entendre. On ne cultive pas l'alfa : c'est une plante qui croît naturellement; mais il ne serait pas difficile d'en augmenter le rendement, en demandant au gouvernement de faire ce qui est en son pouvoir pour éviter que les indigènes détruisent les champs d'alfa, soit dans l'exécution des voies de pénétration qui les traversent (par exemple pour l'exploitation des gisements de phosphates qui les avoisinent), soit pendant la récolte même de la plante, récolte qui doit se faire par traction sur les pousses et non en arrachant la touffe entière pour aller plus vite, comme cela se pratique le plus couramment.

Il serait donc facile, à l'aide de sages ménagements, de parer à tous les besoins ; et ainsi se trouverait résolue la question de l'avance regrettable prise sur nous par la concurrence étrangère, demeurant entendu que dans l'attribution future des concessions d'alfa, les gouvernements d'Algérie et de Tunisie tiendraient compte avant tout des intérêts nationaux.

Mais la fibre n'est pas tout ; il faut encore la transporter et la traiter. C'est ici qu'interviennent ces raisons extérieures dont nous parlions et qui constituent le plus gros obstacle à l'utilisation de l'alfa, raisons tirées du prix, trop élevé dans les tarifs français, du fret, des produits chimiques et du charbon. Il ne faut guère compter pour réduire les frais sur une exploitation sur place. Notons toutefois les tentatives signalées par M. Crolard en Tunisie et en Algérie pour traiter l'alfa non plus par la soude et le chlore, mais par des fermentations industrielles. Cependant, d'une manière générale, la rareté de l'eau, si nécessaire dans l'industrie du papier, vient encore s'ajouter dans ces pays aux raisons tirées des prix du charbon et des produits chimiques, pour permettre de croire que c'est en France que l'utilisation industrielle de l'alfa semble spécialement appelée à se développer.

En somme, l'avenir de cette exploitation demeure lié à la solution d'autres problèmes. Est-il possible à nos compagnies de navigation d'améliorer leurs tarifs en vue du transport en France des alfas? On devine que, pour l'instant, il n'y a point d'autre question à leur poser. L'amélioration de notre marine marchande demeure, pour la France, un des plus urgents problèmes à résoudre après la guerre, car notre production nationale tout entière y est intéressée dans sa vitalité.

Pour ce qui est du chlore et de la soude nécessaires à la production des celluloses chimiques, il est permis d'espérer une plus immédiate amélioration dans les prix de vente. En effet, ce sera l'un des bénéfices de la présente guerre que de trouver installées, après la paix, les nombreuses et puissantes usines chargées de satisfaire à l'immense consommation de produits chimiques de toute nature employés pour la défense nationale. Ainsi, d'un mal même naîtra sûrement le remède à d'autres maux d'avant-guerre, et nos pâtes à papier, notre paille chimique pour cartons minces bénéficieront sans doute dans leur fabrication des recherches et des installations improvisées pour résister aux concurrents de la paix devenus tout à coup des envahisseurs forcenés de poison, de meurtre et d'incendie.

Quant à l'amélioration des prix de vente du char-bon, il va de soi que cette question, si intéressante au point de vue particulier de l'industrie du Livre, présentait un caractère trop général pour faire l'objet d'un simple vœu. C'est là un problème dont la solution dépend d'influences multiples et trop en dehors de la portée du Congrès. Toute l'industrie française s'y trouve intéressée. Cependant, et pour suppléer en partie aux besoins de la force motrice considérable que nécessite l'industrie du papier, M. Crolard a suggéré, pour la fabrication des pâtes de bois mécaniques, l'utilisation des forces hydrau-liques productrices d'électricité qui, travaillant pen-dant le jour, demeures inactives pendant la nuit. Il y a dans cette indication ingénieuse une tacite sug-gestion où ceux qui se sont faits les apôtres de la *houille blanche* pourront trouver une contribution à leur propagande.

IV

LA VENTE DU LIVRE FRANÇAIS

Si nous considérons, comme but de notre enquête et des réformes proposées au Congrès, la mise au point, sur de nouvelles méthodes, du Livre français, il semble que nous puissions entrevoir la réalisation de ce plan de travail. Pour compléter la perfection extérieure du livre, il reste encore à parfaire sa toilette à l'aide de quelques retouches indispensables.

Quelques-unes de ces retouches ont été indiquées par le Congrès : il est probable qu'il suffira de les signaler pour en susciter d'autres et que l'élan donné sera profitable pour un rajeunissement dans nos façons d'habiller le livre, qui demeurent peut-être un peu démodées. Il ne faut pas confondre la routine avec la tradition ; et nous devons nous dire que la nouveauté de l'apparence a contribué chez nous au succès des publications étrangères. Reconnaissons que la manière est délicate et qu'il convient de procéder avec prudence : au premier coup d'œil, on peut être tenté d'aller trop vite ; mais telles ne sont point les intentions de ce Congrès qui s'est borné à quelques indications, les unes de détail, d'autres d'un caractère plus général.

Loin de constituer un programme complet, ces indications, par leur diversité même, témoignent

plutôt de cette hâte un peu inquiète de qui, ayant
beaucoup à dire, parle un peu sans ordre apparent,
de peur d'oublier l'essentiel. Il eût été intéressant
qu'un travail précisât l'aspect idéal que les amateurs
compétents souhaitent être celui du livre français
d'après-guerre : l'homme d'étude s'y fût associé
au vœu de notre confrère Albert Cim qui, de par
son expérience de lecteur et de bibliothécaire, demande qu'on réserve aux textes illustrés l'emploi
du papier couché ; le brillant de ce papier, indispensable au tirage des gravures en simili, fatigue les
yeux par son éclat, à la lecture des volumes classiques ou autres, sans gravures, pour lesquels on
devrait réserver les papiers mats ; on y eût également consigné la résolution, votée à la demande des
imprimeurs, de renoncer dans le commerce du papier, comme dans l'impression, aux dénominations
archaïques employées pour désigner les formats des
feuilles, en recourant pour cette classification à
l'usage du système métrique. Les catalogues y gagneront en clarté comme ils gagneront en exactitude,
si l'on revient, comme l'ont demandé MM. Eugène
Morel et de Margerie, à la vieille coutume de dater
les livres. Non seulement au point de vue de la sin-
cérité, mais encore au point de vue de l'honnêteté,
cette habitude qu'on a prise de cacher l'âge des
volumes doit disparaître de la librairie ; elle ne
trompe ni les savants, ni les érudits, mais elle
risque de sembler vouloir abuser les autres ; dès
lors, qu'il s'agisse de science ou d'œuvres d'imagination, que les conséquences en puissent être dolo-

sives ou simplement trompeuses, il y a là un artifice indigne d'une publication française.

Le premier souci de l'éditeur doit être la commodité du lecteur. De même qu'il ne faut pas l'égarer en risquant de lui faire prendre pour une œuvre définitive un travail ancien dont les données sont ou dépassées ou démenties à l'heure de la lecture, de même, il faut lui mettre en main le fil conducteur qui le guidera dans le dédale de ces pages remplies de noms, de faits et de formules. En rétablissant dans tous les ouvrages documentaires l' « Index » qui en facilite la consultation, nous ne copierons pas une manière allemande ; nous ne ferons que renouer une vieille tradition française dont nos livres du dix-septième siècle notamment nous attestent l'intelligent respect.

En rapprochant de ces améliorations le vœu qui tend à obtenir, pour les cartes géographiques publiées séparément ou dans le texte d'ouvrages illustrés, l'expression numérique et graphique de ces documents, nous nous trouvons amenés à ouvrir le livre lui-même, après en avoir étudié la technique industrielle et la présentation matérielle. Il nous faut maintenant examiner les modifications qu'il convient d'apporter non plus dans son apparence, mais dans sa composition même, dans ce qu'elle a de plus directement spirituel et par conséquent efficace.

Nous abordons ici la partie la plus élevée de notre travail. A l'étude des difficultés matérielles, nous allons faire succéder l'exposition d'un programme à

la réalisation duquel demeure subordonné le succès
de l'influence française dans le monde. Car il ne
s'agit point seulement ici du relèvement d'une
industrie spéciale qui a souffert du malaise général
de l'industrie française. Il s'agit du Livre lui-même,
dans ses vertus intrinsèques, dans tout ce qu'il
représente comme véhicule de notre génie national
et de notre influence à travers le monde. Pour
rayonnant que soit demeuré son prestige, sur certains points de son programme d'ensemble, il s'est
laissé, pratiquement, distancer par d'autres : c'est
sur ces points qu'il importe de se reprendre pour
résister d'abord et pour vaincre dans l'avenir.

Nous répétons que le prestige du livre français
n'a point décru. C'est trop qu'il soit demeuré stationnaire sans doute ; mais nous savons que certains
de nos produits ont continué de lutter avec succès
et même avec avantage. Notre livre illustré soutient,
on nous l'a dit, la comparaison avec le livre étranger ; et, quant à notre livre scientifique, établi à des
prix avantageux, il a, dans bien des pays, distancé
le livre allemand dont la faveur tient, selon les latitudes, à des causes plus ethniques qu'à des raisons
de valeur et de méthode. Toutefois, il faut le reconnaître, cette dernière question n'a point été traitée
au Congrès de 1917 ; l'étude du livre scientifique fera
sans doute l'objet d'un débat lors de la réunion du
prochain Congrès.

Pour ce qui est des publications de science appliquée à l'industrie que l'on comprend sous le nom
générique et assez impropre de « librairie indus-

trielle », on nous en a révélé l'inquiétant malaise. A quoi tient-il que nos chefs d'industrie semblent, en général, se désintéresser, non point seulement pour leur personnel mais pour eux-mêmes, de la lecture d'ouvrages dont ils devraient être les premiers à guetter la publication, sinon à la susciter eux-mêmes ? Comment se fait-il que tant de sujets, sortis brillamment de nos grandes écoles, demeurent, dès leur accession aux emplois de direction, comme fermés à la curiosité scientifique et dédaigneux des méthodes survenues depuis les temps où, soumis à une culture souvent intensive, ils assimilaient avec tant d'acharnement la science contemporaine en vue d'examens et de diplômes à conquérir ?

A ce sujet, l'un des plus éminents présidents des séances du Congrès, M. Émile Picard, secrétaire perpétuel de l'Académie des sciences, alors président du Comité du Livre, sembla soucieux de guider l'assemblée dans la suggestion d'un remède à ce regrettable état d'esprit. Comme on le comprend, ici, ce n'est point le procès du livre qui s'instruisait, mais celui du lecteur... virtuel, hélas ! dont le distingué professeur connaît bien l'état d'esprit et qu'il essaya d'appeler au secours du Livre menacé dans son existence. Le vœu qu'il soumit et fit voter au Congrès constitue une mesure à longue portée ; c'est le remède d'un savant qui remonte à la source du mal et qui, pour guérir le cerveau surmené jusqu'à l'aboulie, tente courageusement de refaire la méthode entière de travail. Ce remède, il le voit, du haut de son expérience professionnelle, dans une

réforme des programmes scientifiques de l'enseignement secondaire qu'il voudrait réduire à la simple
intelligence de la méthode scientifique. M. Émile Picard, nous le savons, est de ceux qui n'ont point le
culte du diplôme et qui, passionnés pour les réalités,
pensent que la pratique suffit pour le dégagement
des valeurs; il s'afflige au spectacle de tant de
jeunes intelligences que l'on surmène dans la fleur
de leur jeunesse, au point d'y tuer à l'avance le fruit
de l'avenir. Pas plus que le cœur ne permet de
courir trop tôt ni trop vite, le cerveau ne souffrira
impunément qu'on l'encombre d'un savoir hâtif et
trop multiple pour être assimilé avec profit : toute
culture pour être fructueuse sera progressive; intensive, elle déterminera le surmenage et, dans l'avenir,
cet état d'incuriosité où, en même temps qu'un reste
de fatigue, il y a beaucoup de cet orgueil naïf qui
reste à qui fut un savant trop vite et trop tôt : comment celui-là comprendrait-il qu'on ne commence
à savoir qu'à l'instant où l'on se rend compte de tout
ce que l'on ne sait pas?

Ce caractère à la fois méthodique et pratique qu'un
savant doublé d'un observateur souhaite voir donner
à l'enseignement de la jeunesse, il demande à tous
les industriels ainsi qu'à tous les professeurs de le
conserver à leurs travaux en les faisant connaître
par la publication de leurs cours et de leurs expériences : c'est par ce mélange heureux de la théorie
du laboratoire et de la pratique industrielle que la
science allemande a obtenu les résultats incontesta-
blement productifs que nous pouvons constater

encore au cours de cette guerre. Une large diffusion du livre de science appliquée, des revues industrielles, facilitée par les annonces du *Journal de la Librairie,* par la propagande des libraires et par l'envoi des livres en communication, telles sont les mesures urgentes qu'il convient d'adopter dès maintenant, en attendant que le public intéressé, ayant refait son éducation sur de nouvelles bases et devenu conscient de ses obligations, justifie, par son empressement et sa curiosité de savoir renouvelés, la justesse des propositions de M. Émile Picard.

Sur ce point, nous l'avons dit, c'est le public et non le Livre qu'il faut améliorer. Ailleurs, c'est l'un qu'il faut connaître pour adapter l'autre à ses besoins. Si nous voulons voir nos collections de textes classiques anciens retrouver auprès de la clientèle étrangère la faveur dont elles ont joui pendant si longtemps, il est évident que la suggestion de M. le professeur Coissac est la première qui se présente à l'esprit : il faut que nos éditeurs étudient les programmes des Universités étrangères et s'efforcent de produire des volumes capables de répondre aux exigences des professeurs et des élèves de ces universités.

Quelle que soit la valeur très réelle des textes publiés par nos maisons d'éditions, on admettra que leurs chances de pénétration demeurent restreintes du fait que préface, notes et commentaires sont strictement rédigés en français; il est certain que ces chances auront plus que doublé dès que sera réalisé le vœu de M. Strowski qui souhaite la réunion, à la fin du volume, des notes et de tout le travail personnel du commentateur, en un supplément traduit dans la langue du pays où nous tenterons de le vendre. Textes anciens et textes français, une pareille présentation peut être commune à tous, en ajoutant, pour les textes classiques de langues anciennes, la traduction française au fascicule mobile. Cette nécessité d'une traduction accompagnant le texte, M. Louis Havet est venu la défendre en faveur des études de l'enseignement supérieur; elle avait été proclamée au cours d'une réunion tenue naguère au Collège de France, où quelques professeurs et philologues autorisés s'étaient concertés pour étudier la question. L'éminent administrateur de cette illustre maison, M. Maurice Croiset, est venu, sinon en leur nom, tout au moins d'accord avec eux, indiquer au Congrès, en vue de la réalisation de cet indispensable travail, les grandes lignes d'un plan qui s'est trouvé presque entièrement conforme aux conclusions proposées par M. R. Pichon et votées par l'assemblée. Aussi bien la nouvelle collection dès maintenant à l'étude devra-t-elle être établie sans préjudice des collections existant déjà, dont la continuation pourra se poursuivre tranquillement et conformément aux besoins de la clientèle qui les utilisait jusqu'à ce jour.

La même observation s'applique bien entendu à toutes les collections de textes français dont M. Strowski a justement reconnu la valeur dans son rapport; il ne leur souhaite que de se compléter en

réalisant une plus grande homogénéité dans leur
ensemble respectif. Telles qu'elles se présentent,
elles constituent un trésor inépuisable dans sa
variété, qui (le catalogue général qu'on a décidé d'en
dresser le démontrera) demeure le fonds de notre
philologie et de notre critique nationales; il faut
faire plus complet dans l'ensemble, mais on fera
difficilement mieux dans le détail.

Au point de vue de l'exécution de ce travail urgent
et considérable, une question se pose. Disposons-
nous en France d'un personnel assez nombreux de
philologues pour mener rapidement à bien l'œuvre
projetée au Collège de France comme au Congrès du
Livre? On sait les vides cruels en fait de personnel
creusés par la guerre dans les rangs de notre Université. Que nous laissera la victoire au lendemain du jour
où le dernier coup de canon aura été tiré? Nul ne le
peut dire encore; mais les craintes se sont élevées
assez haut pour qu'on ait cru devoir par avance,
prévoir que des secours étrangers deviendront indispensables pour compléter les rangs des con-
scrits. Sans retenir officiellement les indications de
M. R. Pichon qui suggère courageusement l'aide de
nos alliés et ne recule point devant un appel aux
latinistes de l'Angleterre et de l'Italie, le Congrès a
retenu la judicieuse proposition de M. Strowski
d'encourager la publication de thèses fournies par
les candidats au doctorat ès lettres, sous forme
d'études ou d'éditions de textes pouvant prendre
place dans les collections existantes.

Telles sont les matières où s'est bornée pour cette

fois l'activité du Congrès en fait d'ouvrages imprimés. Des œuvres d'imagination qui, dans notre commerce de livres, occupent une si grande place, il n'a
point été question. Ayant pris l'initiative de ces réu-
nions, la Société des Gens de lettres semble avoir
tenu à s'effacer volontairement en remettant à plus
tard le soin de faire valoir ses intérêts personnels.
Tout au plus a-t-elle tenu, dans ce concert, à venir
affirmer ses sentiments de solidarité et cet esprit de
concorde qui, plus que jamais, est devenu nécessaire
entre tous les intérêts français désormais plus
qu'hier étroitement associés les uns et les autres.

Ces sentiments, elle a donné mission de les exprimer en son nom à celui de ses anciens présidents
qui devait, moins de trois semaines après les réu-
nions du Congrès, reprendre à nouveau la tête de son
Comité de direction. Dans son rapport, M. Georges
Lecomte a défini de très haut la nature des relations
qui doivent exister entre auteurs et éditeurs; par-
dessus tout, il adjure les uns et les autres de faire
table rase de tous les malentendus qui seraient de
nature à les séparer, de courir, selon son expression « sus aux fantômes »; c'est à ces suggestions
que M. Jules Lévy a très heureusement obéi en rédi-
geant les vœux qui ont été adoptés par le Congrès,
aux fins de confier à une commission mixte d'éditeurs et d'auteurs la revision du mémento de 1897
qui règle leurs rapports, en même temps que, d'une
manière générale, l'institution d'une commission
arbitrale chargée de résoudre à l'amiable tous les
litiges à naître entre ces collaborateurs qui ne de-

vraient jamais se trouver en opposition d'intérêts.

Qu'est-ce donc, se demande avec une émouvante gravité M. Georges Lecomte [1], qu'une maison d'édition? C'est « une personne morale. Elle a une âme. Son passé détermine son avenir. Elle aussi, elle a ses morts qu'elle ne peut ni trahir ni renier. Sa firme doit être un drapeau qui, dans le monde, a une certaine signification. »

Envisagé de cette hauteur, le commerce des livres prend une signification grandiose où le souci du négoce fait figure de propagande. Tous les volumes que nous voulons voir essaimer aux quatre coins du monde prennent l'allure d'autant de petits ambassadeurs dont l'apparence passive devient apte à l'embrasement des intelligences.

Encore faut-il qu'ils essaiment et qu'une initiative adroite leur imprime le choc du départ. Quel sera dans ce travail la part de ceux qui ont la mission propagatrice?

A quelles causes, en dehors des raisons matérielles et d'ordre économique, a-t-il tenu, avant la guerre, que le livre français subît sur le marché du monde le recul fâcheux auquel il s'agit de remédier? M. Paul Gillon l'a indiqué au cours de la discussion du rapport de M. Ed. Fouret : les efforts tentés individuellement par nos éditeurs demeuraient forcément trop faibles et, par conséquent, inopérants. Tous avaient leurs correspondants étrangers, quelques maisons faisaient voyager de loin en loin, de

1. Georges Lecomte, *l'Union des écrivains et des éditeurs pour l'expansion de la pensée française.*

façon intermittente, sans méthode ; la publicité était insuffisante. Et cependant, déjà, longtemps avant la guerre, nos consuls, nos attachés commerciaux, tous ceux qui s'occupent du commerce d'exportation demandaient aux industriels, aux commerçants français de se grouper le plus possible, tous ont signalé l'insuffisance des efforts individuels.

C'est pour répondre à ces conseils, que, dès le commencement de la guerre, une trentaine de maisons d'édition ont étudié l'organisation d'une *Société d'exportation des éditions françaises.*

Tout en conservant la personnalité que leur constitue leur genre de production, ces maisons, par une mise en commun des frais de propagande, de représentation et de publicité, amortiront des charges devant lesquelles, individuellement, elles devraient reculer. Envoyer des voyageurs à l'étranger, répandre des catalogues, constituer des dépôts dans les grands centres, tout cela représente un ensemble d'activité dont une solidarité bien comprise devient capable d'amortir la dépense. Dans le programme que s'est tracé la Société d'exportation, rien n'a été négligé quant à l'emploi des plus pénétrants moyens de succès : étude des besoins et des exigences de chaque pays et de chaque public, opportunité des propositions en accord avec les demandes, enquêtes, sollicitations et offres de service, auprès des Facultés et des Universités étrangères, des grandes bibliothèques à qui de larges crédits permettent l'acquisition des ouvrages édités hors de leur pays.

Il est impossible de mieux faire ou tout au moins

de tenter davantage, et c'est là une initiative qui
mérite de réussir. A vrai dire, elle n'est point la
première et M. E. Fouret a signalé au Congrès la
réalisation presque complète d'un projet d'office de
commission pour l'exportation qui, sous le titre
d'*Agence générale de Librairie et de publications*,
avait, dès avant la guerre, entrepris de jouer pour
la librairie française un rôle analogue à celui des
commissionnaires de Leipzig. La différence entre les
deux systèmes consiste surtout dans la façon de
procéder; l'Agence générale utilise comme moyens
d'action les organes de vente existant déjà dans les
pays étrangers, ainsi que les voyageurs qui en connaissent la langue et les goûts. C'est ainsi qu'elle
est arrivée à organiser des succursales et des dépôts
à Londres, Pétrograd, Amsterdam, Buenos-Ayres ;
elle possède des correspondants en Italie, en Espagne, en Suisse et compte en avoir prochainement
d'autres en Égypte, au Portugal et dans les Pays
Scandinaves.

Au contraire, la *Société d'exportation* songe à se
créer un personnel et des installations à elle. La
grandeur de la tâche ne l'effraie pas, et les termes
dans lesquels M. Paul Gillon a défendu la thèse sont
trop élevés pour qu'on omette de les saluer au passage. Un livre, a-t-il dit, n'est pas un produit comme
un autre et l'éditeur ne doit pas s'en dessaisir entre
les mains d'un anonyme. Un commissionnaire, obligé
de fournir tout ce qu'on lui demande et d'acheter
tout ce qu'on lui propose, se trouve fatalement
exposé à ne point pouvoir refuser l'exportation

d'œuvres qui ne marquent pas toujours la réelle pensée française. Ces œuvres-là, dit M. Paul Gillon, nous n'en voulons pas.

Nobles scrupules, programme élevé dont nous retrouverons bientôt l'écho dans le rapport de M. Edmond Haraucourt[1], lorsque nous aborderons l'étude des moyens propres à assurer la protection morale du livre français. Mais, à côté de ces préoccupations supérieures, les raisons d'ordre pratique subsistent et la question se pose des nécessités de méthode qui commandent le succès. A ce désir de procéder par leurs propres moyens qu'affirment les adhérents de la *Société d'exportation* s'oppose chez quelques autres le procédé contraire. Quand les Allemands ont pénétré dans un pays, disent-ils, ils ont cherché à imposer leurs idées ; cette méthode ne les fait guère aimer et nous estimons plus habile, plus favorable au succès cherché d'utiliser sur place le concours des libraires locaux, qui nous approvisionneront à l'aide de dépôts dont la création sera l'œuvre de nos commissionnaires. Quant à ces commissionnaires, leur rôle, même s'il est tenu directement par des maisons d'édition, demeure subordonné à des difficultés considérables, en ce qui concerne notamment les crédits offerts et l'importance des sommes qu'il faut engager dans l'affaire.

Dans ces questions de réalisation pratique, les intéressés demeurent juges de la solution. Le Congrès s'est borné à l'approbation des vœux présentés

1. Edmond Haraucourt, *la Démoralisation par le livre et par l'image.*

par M. Fouret, en demandant aux pouvoirs publics
de faire ce qui dépend de leur initiative pour abréger
les délais de transport en en diminuant les frais; et,
sous ce rapport, M. Henri Clouard [1] a précisé la demande en souhaitant que, dans les trains de grande
vitesse, les livres soient admis au tarif de la petite.
Quant à l'action sur place, elle se résume pour l'instant dans l'augmentation du nombre et de la richesse
des dépôts où les libraires détaillants pourront
s'approvisionner, et dans l'indication qu'une entente
puisse s'établir entre les éditeurs pour l'envoi de
voyageurs à l'étranger.

Cette entente, cette solidarité dans l'effort, unani-
mement conseillée par nos représentants diplomatiques et commerciaux, M. Henri Clouard souhaiterait
de la voir se réaliser symboliquement et sensiblement, sous la forme d'un organisme quelconque :
établissement, Agence, Cercle ou Ministère particulier dont il pressent la forme sans pouvoir l'exprimer, mais dont tous ont compris et désiré le rôle
unificateur. Ce renoncement à des modes individuels
au bénéfice d'un procédé commercial uniforme, dont
le tempérament allemand, si docile et si discipliné,
tire des résultats excellents, est-il facilement réalisable pour l'individualisme français? On doit espérer
que consentir la discipline en face du péril ne sera
pas impossible à ceux qui ont su serrer les coudes
sur les champs de bataille.

C'est au Cercle de la Librairie que certains vou-

1 Henri Clouard, *Modes de vente et de publicité.*

draient voir incomber ce rôle, notamment en ce qui
touche l'éducation professionnelle des employés
chargés de la vente du livre. Il est certain que, d'une
manière générale, à part quelques exceptions d'autant plus remarquables qu'elles s'appliquent à des
personnalités de premier ordre, le libraire français
n'est point à la hauteur de sa tâche. A Paris et dans
quelques rares grandes villes, grâce à un frottement
prolongé, une certaine routine finit à la longue par
suppléer au savoir réel; mais, en général, ceux qui
vendent les livres se montrent véritablement par
trop peu conscients de leur marchandise. C'est un
des plus éminents représentants de la corporation,
un de ceux à qui s'applique le mieux ce caractère
d'exception compétente dont nous parlons, c'est
M. Floury qui l'affirme : beaucoup de libraires font
leur métier sans avoir subi aucune préparation, aucun
apprentissage.

Il faut avouer que l'on n'a encore rien fait pour
les y aider. Commis libraires, voyageurs en librairie
sont les premiers à demander qu'on leur donne les
moyens de se mettre à la hauteur de leur tâche, et
c'est vers les organisations patronales des industries
du Livre qu'ils se tournent pour réaliser ce vœu. Le
Cercle de la Librairie, qui a tant fait jusqu'à ce jour
pour l'amélioration professionnelle des divers corps
de métiers dont il est la synthèse, semble tout désigné
pour mener à bien l'organisation de cette école de
Librairie dont la nécessité s'impose aujourd'hui plus
que jamais. Si la Librairie française est prête à remplir le rôle grandiose qui lui semble dévolu dans le

relèvement de la France, elle se doit de commencer
par assurer une éducation uniforme aux collaborateurs de son action; en les mettant à même d'apprendre les éléments et la pratique de leur métier,
elle leur transmettra simultanément le mot d'ordre
sacré de leur consigne : pour la grandeur et le
triomphe de la pensée française.

V

L'EXPANSION INTELLECTUELLE

Voici venue la suprême étape de cette incursion à travers le vaste domaine dont nous sommes loin d'avoir reconnu toute l'étendue, mais que nous avons parcouru pour ainsi dire à vol d'oiseau, notant au passage les points les plus saillants de l'ensemble. Il ne nous reste plus qu'à mettre en lumière, quant au moyen de sa réalisation, l'idée générale dont l'expression plus ou moins précisée se retrouve dans chacun des rapports discutés au Congrès. Quelle méthode et quelles ressources convient-il d'employer pour faire mieux connaître et répandre le plus loin dans le monde le Livre français perfectionné dans sa tenue comme dans sa teneur ?

Coquetterie, réserve ou simple affectation paradoxale, quelle qu'en soit la cause, l'apologie de soi-même n'est point une vertu française ; on peut même dire, d'une manière générale, que c'est pour une critique exagérée de nos défauts que nous réservons d'ordinaire le meilleur de cet esprit gouailleusement caustique dont nous avons fait notre marque et qui, sous le nom de blague, demeure presque toujours incompris dans le monde des étrangers. On ne se rappelle jamais assez que Figaro se hâte de rire de tout pour n'en pas pleurer et tant de gens sont intéressés à ce dénigrement dont nous sommes les premiers artisans, qu'on se hâte d'invoquer contre nous les redoutables témoignages que nous nous obstinons à multiplier trop inconsidérément.

Reconnaissons une bonne fois que nous ne savons pas « parer » l'article. Esprit français, femme française et livre français, nous n'avons rien fait depuis trop longtemps pour exalter la valeur de ces richesses morales ; au point que, dans l'ardent éclat d'une guerre sans précédent, notre héroïsme national, nos vertus de famille et la splendeur de notre idéal ont pu paraître aux yeux du monde, sinon comme des qualités nouvelles, au moins à l'état de valeurs pendant longtemps en sommeil et tout à coup récupérées, dans le coup de foudre d'un réveil un instant tenu pour impossible.

Nous savons bien qu'il n'y a aucun miracle et que nous n'avions rien perdu de nos richesses morales. Mais, sans plus récriminer, n'allons-nous pas suivre le courant universel et, à notre tour, nous aimer, nous estimer un peu ? N'allons-nous pas affirmer cette valeur avec l'élégante réserve qui nous caractérise, mais résolument et avec esprit de suite, en essayant de la prouver à ceux qui nous aiment, de la faire voir à ceux qui ne l'ont pas encore comprise ?

C'est encore là une tâche qu'il faut organiser et, dans les limites de son programme, le Congrès a sommairement tracé le plan des premiers efforts. Exposer l'ensemble des suggestions qu'il a émises, ce sera donner à ses travaux une manière de couron-

nement symbolique qui en résumera la synthèse et
l'esprit élevé.

Si l'effort y demeure le privilège de chacun, l'inspiration gagnerait à y être unique ou tout au moins
concentrée, harmonisée sous une forme unique. Ce
besoin d'autorité ou tout au moins d'entente morale
et de centralisation, nous l'avons trouvé déjà, et
notamment dans un vœu de M. Henri Clouard.
Comme lui, M. Petit-Dutaillis[1] demande aux éditeurs de se tenir en contact permanent avec les professeurs, les savants, les écrivains dont la collaboration et les avis leur sont indispensables dans l'ac-
complissement de leur tâche; et, pour que ce contact
ne reste pas précairement subordonné au hasard des
conversations individuelles, de même que M. Henri
Clouard, M. Petit-Dutaillis souhaite l'adoption d'un
centre fixe de ralliement où tout aboutirait en fait
d'initiative et de renseignements, en vue d'une
direction unique de tant d'efforts variés dans leur
espèce et connexes dans leurs tendances. C'est ainsi
que M. Petit-Dutaillis a signalé judicieusement
l'œuvre utile accomplie par l'*Office des Universités
et des grandes Écoles françaises*, excellent organe
d'information et de propagande qui, depuis sept
années, rend à la cause française d'éminents services. Comme l'a dit dans son intéressant rapport
cet universitaire distingué, cet office a pour mission
essentielle de servir les intérêts des Universités et
des grandes écoles françaises dans leurs rapports

1. Petit-Dutaillis, *l'Expansion intellectuelle.*

avec l'étranger, et de favoriser la création à l'étranger de centres d'éducation intellectuelle française. C'est là, à coup sûr, une large partie de la besogne ; mais enfin, ce n'est pas toute la besogne. A côté de cette vaste initiative, d'autres grandes associations détiennent et doivent conserver une part aussi considérable et distincte ; pour ne citer que le Cercle de la Librairie et la Société des Gens de lettres, on conçoit que leur champ d'action demeure très personnel et profitable éminemment à la cause française. Aucun de ces grands organes ne saurait exclusivement suffire à la besogne d'ensemble qu'il appartient, en dernière analyse, de concentrer dans un organisme à faire naître de la réunion de toutes les associations dévouées au succès de la même cause.

Sous quelle forme sera donc constitué l'organisme centralisateur souhaité par MM. Henri Clouard et Petit-Dutaillis ? Des discussions publiques du Congrès paraît se dégager une conception se rapprochant d'un vœu primitivement émis par M. E. Fouret, vœu qu'appuyèrent MM. Pierre Decourcelle et Max Leclerc et qui visait la création d'une vaste agence de l'intellectualité française. Toutefois, aucune conclusion n'ayant été émise définitivement, bornons-nous à cette simple indication en ajoutant que le Comité exécutif a conservé dans son programme l'étude et la réalisation de ce projet sur des bases solides, durables, en harmonie avec la grandeur des intentions.

Pour ce qui est de l'œuvre éducatrice dont M. Petit-Dutaillis nous trace le programme, le Congrès s'y associa sans réserve en adoptant d'abord les vœux de M. E. Fouret. Développer et perfectionner dans nos lycées et facultés l'étude des langues étrangères ; obtenir des gouvernements des pays alliés et amis, à titre de réciprocité et dans un intérêt commun que le français soit enseigné dans leurs établissements d'instruction publique ; attirer chez nous leurs écoliers et leurs étudiants, leur envoyer les nôtres, c'est, à proprement parler, puiser à la source des bénéfices que nous escomptons. Le meilleur moyen d'aimer la France c'est, avant tout, de la faire connaître ; pour conserver et faire grandir encore cet amour une fois inspiré, rien ne vaut d'avoir étudié chez ces amis lointains leur psychologie dont nous avons trop souvent négligé de tenir compte.

Aussi bien notre propre intérêt nous commande le recours d'une collaboration de plus en plus étroite avec les nations étrangères. Ce n'est pas seulement la main-d'œuvre matérielle dont la quantité va se trouver atteinte par les hécatombes d'une guerre sanglante ; toute l'échelle sociale en sortira victime : les travailleurs de la terre ou de l'usine ne sont point proportionnellement plus atteints que les intellectuels ; et M. Petit-Dutaillis a cité, à titre d'exemple, l'Université de Dijon où, sur douze professeurs agrégés, cinq sont déjà tombés au Champ d'honneur. Comment ferons-nous, pour concilier avec les exigences de notre enseignement national la nécessité d'assurer à l'étranger, par des missions enseignantes, le culte de notre langue et de notre génie, si nous n'escomptons point le secours des étrangers eux-mêmes instruits à notre école, élevés dans le respect et l'amour du génie français ? Ne courons plus ce risque d'avant-guerre de laisser à nos ennemis eux-mêmes, par une abstention coupable, le soin d'enseigner (avec quelles perfides méthodes et selon quelles habiletés déformatrices !) la langue et la littérature françaises, comme ils imprimaient et répandaient des livres publiés, sous des noms français la plupart du temps inconnus de nous-mêmes, et dont le contenu, savamment intoxiqué, leur servait à nous déprécier aux yeux du monde.

Pour cela, ouvrons nos écoles aux pays amis, sous le contrôle de l'État, bien entendu. On a rappelé au Congrès l'initiative prise par M. Honnorat, député des Basses-Alpes, en vue d'installer dans certains lycées des classes spécialement organisées pour l'enseignement de jeunes étrangers, groupés par nationalités et surveillés par un maître compatriote de ses élèves. Et nous savons que ce projet est, dès maintenant, passé à l'état de réalisation pour certains pays. Le mouvement si heureusement créé sera suivi, dès que la fin des hostilités permettra chez nos alliés comme chez nos amis la reprise d'une vie normale.

De notre côté, faisons de même. Si éprouvée que la laisse la lutte actuelle, la famille française comprendra les nécessités de l'heure qui lui commandent de s'ouvrir à l'appel de tant de peuples émerveillés de sa force héroïque ; nous nous devons de répondre au cri de tendresse que le monde a poussé vers nous. Ce n'est pas rabaisser la valeur de notre élan que d'en confesser la nécessité. Les pouvoirs publics se doivent d'encourager le séjour dans les facultés étrangères de nos professeurs et de nos étudiants, de soutenir l'effort des associations qui se sont créées en vue d'assurer notre expansion intellectuelle.

En visant plus spécialement l'Institut du Caire et l'Institut français de Pétrograd, le Congrès a tenu à parer au plus immédiatement urgent. Au moment où ses délibérations prenaient fin, la nouvelle parvenait à Paris de la révolution russe. Les développements de ce mouvement formidable ne sont pas faits pour démentir l'urgence des préoccupations dont on soupçonne le sens dans le vœu qui a trait à l'édition de grammaires et de dictionnaires russe-français et francais-russe. Cet immense pays où la prépondérance allemande a planté de si fortes racines et menace de réaliser un si formidable accaparement, semble offrir à la France un champ d'influence et d'action sans limites, où l'avenir de l'Europe se décidera peut-être plus sûrement par le lent travail des infiltrations doctrinaires que dans la violence des envahissements et des batailles. Que l'on songe au danger qu'il y aurait d'abandonner à nos ennemis les immenses régions hier encore unies sous les apparences d'un puissant empire, aujourd'hui librement ouvertes aux influences qui sauront s'y développer. On peut l'avouer : l'ignorance où, jusqu'à ce jour, nous avons vécu, de la langue, des mœurs et des tendances russes, nous a coûté suffisamment cher pour que nous hésitions plus longtemps à « prospecter » ce monde presque inconnu.

Nous y serons aidés par des avantages naturels; car il y a plus d'affinités entre l'altruisme rêveur et violent du Slave avec le généreux esprit français qu'avec le dogmatisme autoritaire et discipliné de l'Allemagne. Là comme ailleurs, la riche diversité de notre production intellectuelle permet sans peine de trouver les points de contact; mais il faut choisir judicieusement et ceux qui exportent nos livres ne doivent point agir à la légère.

C'est par là que la vente du livre se trouve partie intéressée de cette méthode d'expansion intellectuelle dont le Congrès s'est efforcé de tracer à grands traits un programme général; et il semble que M. Edmond Haraucourt en a pittoresquement donné l'esprit[1] dans ce qu'il appelle la « Géographie des passions ». Bien qu'il n'ait dans son remarquable rapport étudié la question que sous un point de vue particulier, il n'en reste pas moins évident qu'il y affirme le principe de l'opportunité de la mise en vente; il est évident aussi, comme il le dit, que le génie latin dont la pensée française est devenue l'expression au cours des derniers siècles, semble plus particulièrement destiné à servir d'intermédiaire entre le sombre esprit du Nord et le violent génie oriental, parce que le jeu de ses latitudes l'a fait limitrophe et intelligent des deux; ce ne sera, toutefois, que sous la condition de ne s'offrir, pour commencer, à chacun d'eux séparément que sous des apparences de rapprochement et d'entente. Tel livre

1. Edmond Haraucourt, *la Démoralisation par le livre et l'image.*

inopportun à Londres est à sa place au Caire et New-York ne se complaira point aux mêmes lectures que Buenos-Ayres.

C'est intellectuellement, l'honneur de notre production libraire qu'on y puisse trouver de quoi satisfaire des clientèles aussi diverses; toutefois cet honneur n'est point sans comporter plusieurs dangers.

Bien que, comme nous l'avons fait remarquer, la littérature d'imagination n'ait point fait au Congrès l'objet d'une étude spéciale, elle n'a cependant point été sans y être discutée. Il est de notoriété publique que le roman français jouit dans le monde d'une réputation étendue. Il ne manque pas d'excellents esprits qui la voudraient sans mélange; et, quoique sur ce point il n'ait été institué nul débat, il n'est point malaisé de comprendre dans leur réserve les sous-entendus et les tendances de certaines insinuations. C'est ainsi que, parlant de ceux qui, dans toute l'étendue de l'univers, lisent les livres français, M. Georges Lecomte dit au Congrès[1] : « Il faut simplement nous attacher à leur donner de la France une image correspondant à l'idée que de plus en plus ils en ont, et qui ne calomnie pas les sublimes vertus d'une nation restée digne d'elle-même. Le faisandé, l'artificiel, le pervers ne sont pas les seuls éléments de beauté! » Sage conseil, suggéré en passant par un professionnel conscient de la haute mission du livre; mais, passons : il ne s'agit point

---

1. Georges Lecomte, *l'Union des écrivains et des éditeurs.*

ici de discussion littéraire, il n'est question que de la protection morale du livre français.

Deux instincts, dit M. Edmond Haraucourt, servent, à travers les âges, de thème à la poésie, à l'imagination littéraire : l'amour et la mort, telles sont les deux idées mères de toute littérature où les œuvres ne sont que les développements et les commentaires de ces deux symboles, avec tout ce qu'ils comportent de dérivés dans la douleur, le crime et l'épouvante, le goût des aventures, la guerre et l'histoire peuplée de héros et de cortèges. Le tempérament et la manière servent à diversifier, et, quelles que puissent être les raisons de cette tendance, il est évident que c'est l'amour qui, dans la littérature française, sert de thème au plus grand nombre d'ouvrages; thème dangereux où, suivant le style, l'œuvre peut évoluer, sur une pente rapide, du lyrisme à la polissonnerie pour tomber honteusement dans la pornographie, sans compter que la caractéristique manque de fixité : le temps, les latitudes y interviennent comme facteurs, et l'expérience est là pour apprendre qu'il est assez malaisé de déterminer la marque de l'immoralité.

Pourtant la critique ennemie n'hésite point. Ce qui est immoral en fait de livre, c'est le livre français; avec un sens infernal de cette opportunité dans la dialectique, l'Allemand sait contre nous tirer parti de l'outrance de certaines de nos œuvres et, pour le surplus, ne trouvant point chez nous-mêmes une mine suffisante de productions compromettantes, il s'est ingénié à créer lui-même. Qu'y a-t-il de fran-

çais dans toutes les œuvres polissonnes voire ordu-
rières dont il inonde les librairies étrangères? A
peine le texte certes et juste le titre et le nom apo-
cryphe de l'auteur. L'abjecte marchandise imprimée
est expédiée de Berlin, de Vienne, de Paris même
où elle entre librement pour y prendre un cachet
d'authenticité que l'on ne se donne pas la peine de
discuter. Conclusion, du particulier en général : la
littérature française est pourrie, elle ne se plaît que
dans le faisandage et dans l'ordure. Vienne, ensuite,
une œuvre d'écrivain authentique, un peu hardie, un
peu montée de ton, mais purifiée aux yeux du con-
naisseur et de l'artiste par cette élévation de pensée
et de style qui demeure la marque de l'œuvre d'art,
pensez-vous que, pour des étrangers, la différence
sera facile à faire? Le même jugement réunira dans
la même réprobation l'ouvrage de style et l'écrit
pornographique : la littérature française est immorale, la flamme de l'esprit français vacille et s'éteint
dans la pornographie.

Certes, cela est faux; mais il ne faut plus le laisser
dire. Sus à l'ordure! Mais comment s'y prendre?
D'abord en anthentifiant les produits : jamais plus
que dans le cas de publication immorale, ne s'avé-
rèrent plus nécessaires cette déclaration d'origine
et cette signature d'imprimeur sur toute œuvre
imprimée que nous avons déjà entendu réclamer par
d'autres ; soit en douane, soit à l'étalage du vendeur
ou du colporteur, saisissez le produit délictueux et
poursuivez les responsables, imprimeurs et éditeurs,
non plus devant le Jury, mais devant la justice cor-

rectionnelle en étendant à trois ans la limite de la prescription. Pour ce qui est de la détermination du caractère pornographique des ouvrages imprimés, les vœux émis par le Congrès sur la proposition du rapporteur et avec une addition suggérée par M. de Dampierre, se montrent formels et explicites : il suffira de les lire pour s'en rendre compte. Que si quelque doute persiste dans l'esprit des magistrats sur la nature délictueuse des espèces, il leur restera la possibilité de recourir à des experts choisis parmi les écrivains, les artistes, les éditeurs, les libraires. Aussi bien M. Edmond Haraucourt a-t-il établi avec autorité la nécessaire différence qui subsistera toujours entre l'œuvre d'art qui, au même titre que la science, demeure libre de traiter tous les sujets humains, et le commerce de pornographie qui, comme le proxénétisme, a sa marque dans l'exploitation lucrative de l'instinct génésique. Sur les caractères respectifs, les intéressés seuls peuvent se tromper.

Cette besogne d'assainissement, il importe de la poursuivre à l'étranger : une fois démasquées les publications qui se réclament indûment d'une origine française, c'est à notre diplomatie qu'il appartiendra de trouver, d'accord avec les gouvernements étrangers, les moyens de contraindre à la franchise cette diffamation hypocrite.

Enfin, d'une manière générale, pour le bon renom de la littérature française, il appartient aux groupements professionnels directement intéressés, écrivains et éditeurs, d'empêcher la diffusion à l'étranger de tous les ouvrages qui peuvent discréditer au dehors notre littérature et compromettre l'expansion de la pensée française. Sous cette formule un peu vague dans son expression générale, se réserve le seul appel qu'il soit pratiquement possible d'adresser à la conscience personnelle comme à l'esprit professionnel de ceux qui participent à l'industrie du Livre. Ne demeurent-ils point, en dehors de toute autre considération supérieure, directement intéressés à s'en inspirer ?

Et d'abord, authentifions le livre français. D'une manière officielle et durable, enregistrons sa personnalité, assurons-en la durée en rendant obligatoire dans toute l'étendue du mot le dépôt légal de l'exemplaire complet. Trop longtemps cette indispensable formalité est, en dépit de toutes les protestations, demeurée sans consécration, et il y a longtemps que les conservateurs de nos archives, de nos bibliothèques sont unanimes à protester contre la négligence que les premiers intéressés mettent à s'en acquitter. Que de livres non déposés ou seulement déposés incomplètement, sans titre, sans planches, constituant ainsi des exemplaires dénués d'intérêt pour nos collections nationales ! Il est évident que, si l'obligation de dépôt ne touche pas directement le producteur du produit complet, les mêmes errements subsistent. En même temps que l'imprimeur, l'éditeur ou l'auteur (s'il est son propre éditeur) est à même de fournir à nos collections ce spécimen intégral de toute production imprimée : c'est cette obligation que le Congrès demande aux pouvoirs publics de faire désormais strictement observer. M. Eugène Morel, avec sa double compétence d'écrivain et de bibliothécaire, s'est depuis longtemps fait l'apôtre de cette théorie ; l'Association des Bibliothécaires français a fait siennes ses revendications que le Congrès a définitivement consacrées en demandant une modification du dépôt légal, qui comporte l'obligation de dépôt pour l'imprimeur d'abord, avec mention des renseignements indispensables, nom de l'auteur, de l'éditeur, de l'imprimeur, chiffre du tirage, ensuite pour l'éditeur ou l'auteur s'il est son propre éditeur, qui sera tenu d'adresser à la Bibliothèque nationale un exemplaire de l'ouvrage édité, dans les trois mois qui suivront la publication du volume. Ainsi se trouvera résolu un problème depuis longtemps posé : au triple point de vue de la défense de l'esprit français, de l'indispensable contrôle administratif et de la conservation du Livre, il importe d'assurer avant tout au moindre ouvrage son indiscutable état civil, en même temps que sa présence permanente dans nos collections nationales.

L'ouvrage ayant ainsi obtenu son état civil, il n'en deviendra que plus facile d'utiliser son action. Et c'est ici qu'il convient de rappeler la remarque de l'éditeur Paul Gillon. « Nous ne voulons pas de tout », a-t-il dit, laissant ainsi entendre un judicieux souci du bon renom de la pensée française. Il y a toujours eu, il y a encore des publications qu'il est utile de passer sous silence et c'est là un des nombreux détails dont il faut tenir compte dans l'établissement des catalogues et des bibliographies, dont la diffusion a été l'une des principales préoccupations et l'un des plus productifs moyens de la librairie allemande.

Ce n'est pas à dire que sous ce rapport il n'ait rien été fait chez nous. On trouve dans le travail qui a été présenté au Congrès par l'Association des bibliothécaires de France[1] un état général des bibliographies, annuaires et organes techniques publiés en France à l'heure actuelle. Dans tous ces travaux, il y en a d'excellents tels que la *Bibliographie de la France*, publiée par le Cercle de la Librairie, *le Catalogue mensuel de la Librairie* fondé par Lorenz, la *Bibliographie française* de Le Soudier, le *Polybiblion* et tant d'autres auxquels il n'y a guère qu'à apporter quelques modifications de détails pour donner satisfaction aux demandes des professionnels de la librairie. Comme complément à ces excellents éléments d'information, le Congrès n'a guère trouvé à indiquer qu'un répertoire annuel des articles de quelque importance parus dans les périodiques imprimés en France ; car il suffira de reprendre et de continuer la publication de notre vieux dictionnaire Vapereau pour donner satisfaction à ceux qui souhaitent un répertoire alphabétique des savants et des écrivains actuellement vivants, donnant pour chacun d'eux une bibliographie de leurs œuvres à côté de renseignements biographiques indispensables.

En revanche, il y a une lacune à combler avec l'édition d'un annuaire de la science française, régu-

---

1. *La Bibliographie*, rapport présenté, au nom de l'Association des Bibliothécaires français, par M. Paul Marais.

lièrement tenu à jour et donnant un compendium
des informations nécessaires sur tous les établissements d'enseignement, les bibliothèques, musées,
archives, observatoires, sociétés savantes, etc., qui
composent l'ensemble de notre vie intellectuelle organisée. Lorsque l'on songe que, si l'on excepte l'*Annuaire de l'Institut* dont le caractère spécial demeure
forcément restreint dans les limites de son titre, le
rôle de cet instrument de travail et d'information
était rempli jusqu'à ce jour par la *Minerva* publiée à
Leipzig, on éprouve un véritable soulagement à penser que les études de réalisation d'un organe simi-
laire français ont été menées à bien par notre Association des bibliothécaires : il ne reste plus à trouver
que l'éditeur de cette publication indispensable ;
c'est dire que le vœu émis par le Congrès sur ce
point ne tardera pas à recevoir une solution satisfaisante.

Ce n'est pas, à proprement parler, uniquement
comme bibliographes que les congressistes de cette
section spéciale ont demandé la publication de
manuels d'une histoire et de la technique des industries du Livre et spécialement du Livre français,
bien qu'ils y aient prévu l'adjonction d'une bibliographie spéciale des matières qui s'y rapportent; ce
faisant, ils ont témoigné du souci de l'éducation de
tous les professionnels de cette industrie et les
libraires eux-mêmes trouveront profit à consulter le
manuel résumant les règles pour la rédaction des
répertoires de livres. Apprendre à tous ceux qui sont
intéressés à les connaître les principes de classifi-

cation en usage dans les bibliothèques, c'est à proprement parler commencer par le commencement pour vendre des livres, la base de toute action reposant sur l'ordre et la méthode d'un inventaire exact ; des principes uniformément suivis assureront ainsi l'unité d'un catalogue général de la Librairie française qui deviendra facilement réalisable du jour où toutes les maisons d'édition, procédant avec des moyens identiques, auront, comme le Congrès leur a demandé de le faire, unifié le format du catalogue de leurs publications individuelles.

Ce répertoire unique, complété selon les vœux de M. le général Sébert par les bibliographies techniques et industrielles édifiées par nos Sociétés savantes, imagine-t-on son action bienfaisante au point de vue français ? Sous des apparences nécessairement sèches et un peu austères, quel merveilleux essor y pourra trouver l'imagination de ceux qui savent lire et comprendre, en présence de la riche nomenclature du trésor intellectuel de la France ? Ce n'est pas seulement un instrument de travail, c'est un admirable outil de propagande qu'auront patiemment forgé les spécialistes patients, dévoués à la réalisation de cet inventaire prodigieux.

Un travail aussi considérable se double nécessairement d'une autre sorte de répertoire, moins compact et tout aussi complet dans sa forme de spicilège, sous forme de bibliographies spéciales qui doivent être mises à la disposition du grand public, soucieux lui aussi de se tenir au courant, non plus dans le détail de la spécialisation, mais d'une manière plus générale et plus accessible à la culture moyenne. Ces répertoires d'ensemble, M. André Gillon en a donné la formule[1] en rappelant avec respect les noms de ceux qui collaborèrent avant la guerre aux travaux de l'*Office pour la propagation du Livre français* : MM. André Mainguet et J. Lebègue, tombés tous deux au Champ d'honneur ; et il fait d'un mot valoir l'urgence de l'œuvre en signalant qu'elle avait tenté l'activité d'un libraire... de Leipzig.

Ce n'est, désormais, qu'à des Français qu'il appartient de faire connaître au monde le Livre français dans toute sa richesse et dans toute sa variété. L'effort y doit être inlassable et incessant ; la plus petite nouveauté, le plus petit perfectionnement, il est urgent de le faire valoir, au jour le jour, par tous les moyens de publicité dont nous pourrons disposer. Des expositions publiques annuelles[2] pour renseigner les acheteurs, à l'époque la plus favorable pour la vente du Livre, d'autres plus restreintes et aussi plus fréquentes à l'usage des professionnels et des amateurs, auront certainement l'avantage de stimuler à la fois l'intérêt des uns et l'émulation des autres. En dépit des critiques, c'est là un mode de propagande dont l'action peut, après tout, être rendue plus stimulante par des perfectionnements que ne manquera pas de trouver l'ingéniosité des intéressés. L'idée d'un Salon du Livre suggérée par M. Henri Guerlin, appuyée par M. Edmond Harau-

1. André Gillon, *De la nécessité de publier des bibliographies à l'usage du grand public.*
2. Paul Gillon, *les Expositions techniques.*

court, peut, selon la proposition de celui-ci, se trouver favorisée par une réalisation où les volumes bénéficieraient du voisinage des tableaux et des sculptures, à l'époque où s'organisent les Salons annuels des Beaux-Arts, à l'aide de lectures, causeries, comme cela s'est pratiqué pour les vers, lorsque la *Société des poètes français* organisa le Salon des poètes dont le succès n'a dû qu'à la guerre de n'avoir pas de lendemain. Présenter le Livre, provoquer autour de lui la curiosité par la seule vertu de son apparence extérieure, il est permis de croire que là ne se bornerait point l'ambition des exposants : quant à trouver le moyen de solliciter l'intérêt des visiteurs jusqu'à la « substantifique moelle », il est permis, pour y parvenir, d'escompter l'ingéniosité des producteurs autant que la curiosité des consommateurs.

Des expositions de ce genre, répétées pendant quelque temps, ne tarderaient sans doute point à constituer un acheminement vers la réalisation d'un projet dont il a été souvent question. L'heure viendra certainement où s'ouvrira dans Paris le Musée du Livre. Bruxelles a le sien, Leipzig aussi : il serait surprenant qu'on ne fît point chez nous pour le livre ce qu'on y a fait pour tant d'autres formes de la production française. Le rapporteur qui a soumis ce vœu à l'étude du prochain Congrès[1] y voit avec juste raison un point de contact et d'union entre « ceux qui vivent du Livre et tous ceux qui en ont le culte et la passion ».

1. Paul Gillon, *les Expositions techniques.*

Dans cette œuvre de propagande, il faudra que la Presse française joue son rôle ; encore convient-il de préciser la manière profitable. Il fut un temps, époque glorieuse pour la pensée française, où de la presse française sortaient les premières rumeurs dont l'écho du monde entier répétait le bruit, à l'honneur de nos pures renommées intellectuelles. Alors le mot : critique, signifiait autre chose que le mot : publicité ; on ne se contentait point de parler dans un feuilleton d'un nouveau livre, on y donnait des raisons de l'admirer, on y mélangeait aussi les réserves d'une critique, voire d'une estimable prévention. A l'heure actuelle, à force d'appliquer à tous les livres le passe-partout d'une admiration de commande, on a fini par ne tromper personne ; l'épithète a perdu toute valeur, le silence même n'est plus une critique, il n'est plus qu'un certificat de l'indigence ou de la maladresse de l'auteur. Ce rôle de conseiller éclectique que jouait jadis un Sainte-Beuve et que sont insuffisantes à remplir nos monotones « prières d'insérer », vous le verrez encore rempli dans les grands journaux étrangers par des critiques consciencieux : il n'a plus guère de titulaires dans notre presse française où le public, méfiant en face de la réclame stipendiée, demeure sans guide en face de l'immense production moderne.

Eux-mêmes, les critiques littéraires demeurés fidèles à l'indépendante probité de naguère, demandent [1] que l'on en revienne aux anciennes méthodes,

---

1. F. Chevassu, *le Livre et la Critique.*

plus conformes à la dignité comme à l'intérêt des écrivains et des lettres. Les directeurs de journaux et de revues comprendront la nécessité d'une appréciation judicieuse en ces matières supérieures où il s'agit de la pensée française, de son bon renom et de sa bienfaisante influence. Ce n'est plus de simples produits d'usine, c'est de doctrine qu'il est question, de doctrine et de cette espèce d'apostolat persuasif que s'en vont exercer aux quatre coins du monde les livres éclos dans nos cerveaux avant d'être imprimés dans nos ateliers.

Ainsi toujours, obstinément, la même idée, le même souci d'intérêt supérieur se présente à nous, dégageant la nécessité d'un sacrifice de tout intérêt particulier à l'intérêt général. Nulle part mieux que dans le monde des travailleurs de tout ordre qui collaborent à l'industrie du Livre, ce sentiment d'un altruisme élevé ne s'avère plus indispensable. Quand, tournant son attention vers ce problème de la natalité française d'où dépend l'avenir de notre race, le Congrès joint sa voix au concert des voix qui réclament, comme un des moyens de le résoudre, la suppression de l'alcoolisme par la suppression de l'alcool, il ne fait que répondre aux objections de ceux qui lui ont dit : « Vous nous reprochez de ne pas vendre autant de livres que nos concurrents de race anglo-saxonne ou germanique... Mais voyez le nombre de leurs clients d'origine, comparez avec le nôtre six fois ou trois fois inférieur... Donnez-nous des acheteurs français, des propagandistes français... » Lorsque, discutant la valeur de certains

missionnaires chargés, pendant le cours de cette
guerre, d'aller défendre à l'étranger la cause française, la Société des Gens de lettres et le Cercle de
la Librairie demandent à être consultés sur le choix
des personnes auxquelles le Gouvernement confiera
semblable mission, il est évident que ces grandes
associations se placent, au-dessus de toute considération de personnes, au seul point de vue de l'intérêt supérieur français.

Au-dessus de tous les débats d'ordre professionnel et technique, il faut le constater à l'honneur
des discussions des cinq cents congressistes réunis
au Cercle de la Librairie, c'est la pensée qui demeura
leur préoccupation essentielle. Ouvriers et patrons,
professionnels de la technique ou du négoce, créa-
teurs de la pensée ou réalisateurs de la matière
imprimée, leurs préoccupations d'intérêt ne leur ont
paru dignes d'entrer en jeu que dans la mesure où
elles pouvaient faciliter la solution du problème
général. Ils ont été unanimes à en comprendre l'urgence vitale au seul point de vue français. On peut
lire tous ces rapports, on peut suivre, dans le
compte-rendu sténographique, le récit de toutes
les discussions, on les trouvera dominés par ce parti-
pris de tout subordonner à la grandeur de la nation.

Il y a là comme un mot d'ordre, dont à l'heure
actuelle la commission exécutive des décisions du
Congrès devient dépositaire, dans les tractations
qu'elle est appelée à suivre avec tous les organes
intéressés pour la réalisation des réformes dont
nous avons présenté l'analyse.

Il appartient maintenant à tous ces organes, aux corporations en jeu, aux pouvoirs publics de s'y conformer. Dans cette besogne de réalisation, quelle sera la volonté centralisatrice dont nous avons souvent entendu souhaiter la présence et l'action au cours des débats que nous venons d'étudier ?

Dans les vieilles sociétés, dans certains États encore debout, on s'est longtemps satisfait de déléguer à l'énergie individuelle d'un monarque ce rôle d'arbitre qui départage les partis, impose à chacun les sacrifices nécessaires au bénéfice de la collectivité. Dans les limites un peu restreintes de l'industrie du Livre, nulle volonté souveraine n'imposera pourtant cette unité de vues, cette fixité d'action. Nous ne voyons guère qu'un symbole dont le seul respect semble capable d'imposer à tous la nécessité d'une amiable solution d'ensemble à des problèmes d'apparences et de tendances parfois opposées. C'est une figure fragile et puissante dont le sourire et la tristesse ont tour à tour satisfait et sollicité la tendresse de ceux qui se plurent à la comprendre et à l'aimer à à travers les âges, qu'ils se soient appelés Jeanne d'Arc, le chevalier d'Assas ou le capitaine Guynemer. C'est d'un amour spontané que ceux-ci subordonnèrent au salut de la France la continuité de leur geste, jusqu'au sacrifice de leur vie.

De la méditation de ces exemples doit sortir pour tous les Français la règle de leur attitude et de leur énergie.

Jules PERRIN.

III

TABLES

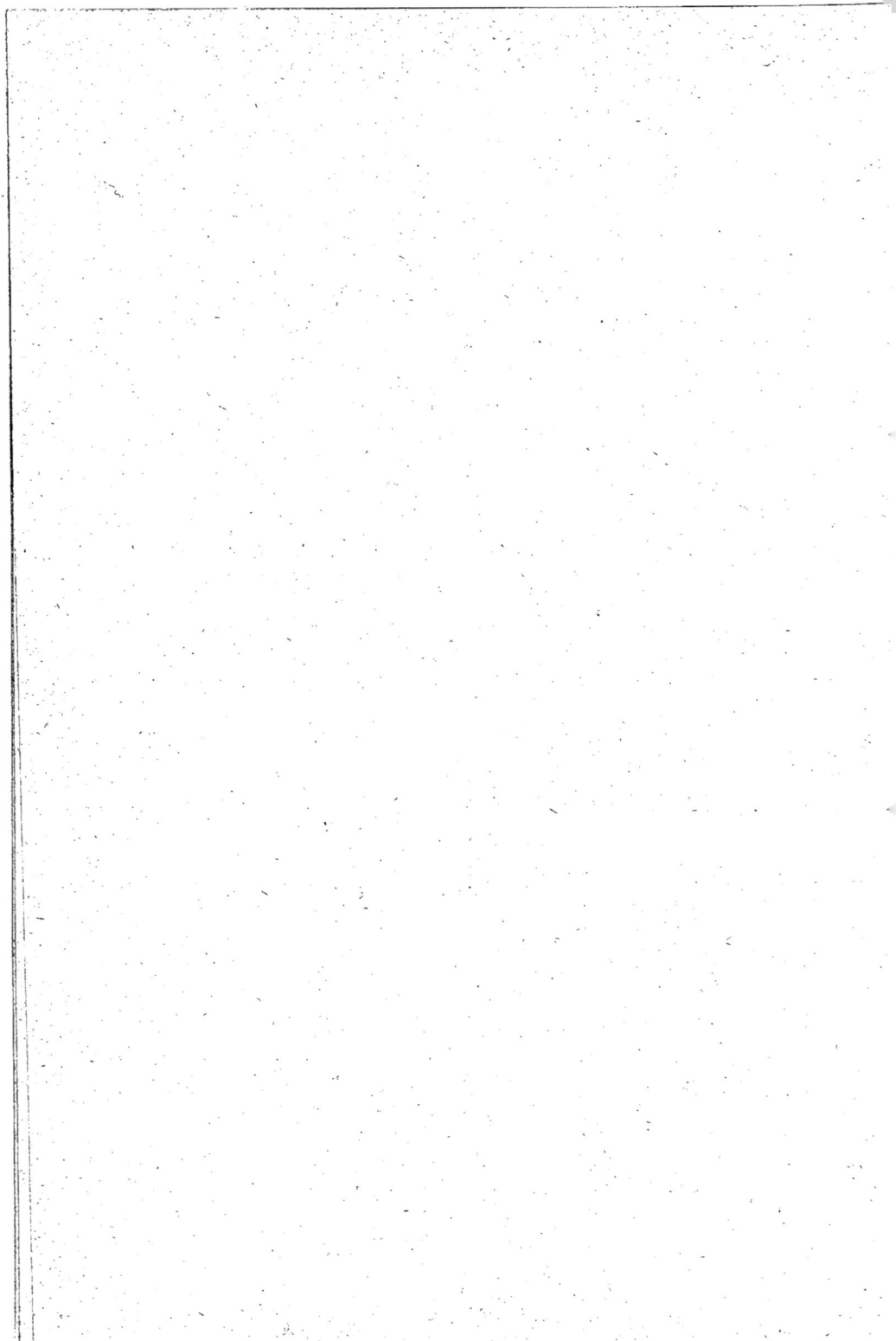

TABLE ALPHABÉTIQUE DES NOMS PROPRES

Les noms des adhérents sont imprimés en caractère GRANDE CAPITALE.

ABOT, cité, I, 160, 161.
ABOUT (Edmond), cité, I, 5, 136, 158; II, 461.
ABRAHAM, III, 3.
ADAM fils, cité, I, 134.
ADAN (Émile), cité, I, 161.
ADELINE (Jules), cité, I, 424.
ADERER, III, 3.
AGUILAR, cité, I, 308.
AKESSON, cité, I, 62.
ALAMIGEON, III, 3.
ALARD, cité, I, 257.
ALBERT, de Munich, cité, I, 125.
ALARY (G.), cité, I, 257.
ALAUZET (maison), cité, II, 123, 124, 132.
ALCAN, cité, I, 433; II, 158.
— III, 3.
ALDE, cité, I, 147
ALLAINGUILLAUME, intervient II, 138.
ANDÈS, cité, I, 61.
ANTOINE, cité, I, 443.
APPELL, cité, I, 458; II, 5.
ARGY, cité, I, 37, 61, 62.
ARIOSTE (l'), cité, I, 136, 155.
ARISTOPHANE, cité, I, 444.
ARRAULT, III, 3.
ASCENSIUS (Josse Badius), cité, I, 424.
ASSELIN, cité, I, 306.

ASSELIN (Alexandre), éditeur, III, 3.
ASSOCIATION DES BIBLIOTHÉCAIRES FRANÇAIS, III, 3.
ASSOCIATION VALENTIN HAÜY, III, 3.
ASTIER, cité, I, 178; II, 329, 359; III, 109.
AUBERT (L.), cité, I, 261.
AUGÉ (Claude), cité, I, 164
AUGENER, cité, I, 264.
AUGUSTIN (saint), cité, I, 132.
AULARD, cité, I, 452.
AUMALE (duc d'), cité, I, 159
AURIOL, cité, I, 147, 150; II, 395, 463; III, 3, 42.
AVENEL (G. d'), cité, I, 423.
AVRIL (Paul), cité, I, 158.

BACH, cité, I, 256, 257; 264.
BACKWITZ (maison), I, 318, 331.
BACON, cité, I, 61.
BAEDEKER, cité, II, 242; III, 39.
BAEHRENS, cité, I, 442.
BAILLIÈRE (Albert), III, 3.
BAILLIÈRE (Georges), III, 3.
BAILLIÈRE (J.-B.) et fils, cité, I, 60; II, 158.
BAKOUNINE, cité, I, 474.
BALDENSPERGER, III, 3.

BALLOT, III, 3.
BALZAC (Honoré de), cité, I, 81, 136, 138, 154, 155, 159, 160, 195, 447.
BALZAC (Louis-Guez de), cité, I, 449.
BANVILLE (Th. de), cité, I, 140, 161.
BARBANT, cité, I, 137.
BARBEY D'AUREVILLY, cité, I, 137.
BARBIER (fondeur), cité, I, 195.
BARCLAY-SQUIRE, cité, I, 435.
BARDOUX, cité, II, 179, 194.
BARON, cité, I, 154, 155, 156.
BARRAULT, III, 3.
BARRERE (ambassadeur), III, 3.
BARRET (François), cité, I, 140.
BARRET (Yves), cité, I, 141.
BARRETT WENDELL, cité, I, 467.
BARTHÉLEMY-SAINT-HILAIRE, cité, I, 79.
BASCHET (L.), cité, I, 141.
BASCHET (papeterie Maurice), cité, I, 205. — III, 3.
BASCHET (René), préside 1re section, II, 213; inter-

TABLE ALPHABÉTIQUE DES MATIÈRES

Le caractère *italique* est employé pour désigner les matières traitées ou citées; le caractère PETITE CAPITALE, pour les ouvrages dont il est parlé; le caractère GRANDE CAPITALE, pour les sociétés ou associations, et le caractère **gras** pour les titres des rapports.

TABLE DES MATIÈRES DU TOME III